I0822034

ARTS DE LA RENAISSANCE EUROPÉENNE
sous la direction de Frédérique Lemerle et Yves Pauwels
6

Architecture harmonique, ou application de la doctrine des proportions de la musique à l'architecture

René Ouvrard

Architecture harmonique,

ou application de la doctrine des proportions de la musique à l'architecture

Édition critique par Vasco Zara

PARIS
CLASSIQUES GARNIER
2017

Vasco Zara est maître de conférences en histoire de la musique ancienne à l'université de Bourgogne (UMR ARTeHIS 6298) et chercheur associé au Centre d'études supérieures de la Renaissance de Tours. Spécialiste des rapports entre musique et architecture, coéditeur de *Proportions. Sciences, musique, peinture et architecture* (Turnhout, 2011), il a publié des essais sur l'analogie musicale au Moyen Âge, à la Renaissance et à l'Âge classique.

ISBN 978-2-406-06146-5 (livre broché)
ISBN 978-2-406-06147-2 (livre relié)
ISSN 2257-7440

Précisément, l'historien n'apporte jamais de révélation tonitruante qui bouleverse notre vision du monde ; la banalité du passé est faite de particularités insignifiantes qui, en se multipliant, n'en finissent pas moins pour composer un tableau très inattendu.

Paul VEYNE, *Comment on écrit l'histoire*, Paris, Seuil, 1971, p. 18.

À mes parents, Paolo et Marilena, architectes (du cœur).

À Virginie, sicut lilium.

AVANT-PROPOS

Quand j'ai lu pour la première fois le nom de René Ouvrard, j'envisageais d'abandonner les études. Suite à un premier projet sur le Moyen Âge qui n'avait pas abouti, Paolo Gozza, codirecteur avec Franco Alberto Gallo de ma *tesi di laurea*, me conseilla d'élargir à une autre époque historique ma connaissance des rapports entre musique et architecture. J'avais lu dans une note de bas de page du livre de Rudolf Wittkower qu'il n'avait pu consulter un ouvrage au titre curieux : *Architecture harmonique, ou application de la doctrine des proportions de la musique à l'architecture*. Philippe Vendrix, qui devait à la fin des années 1980 consacrer une monographie à Ouvrard m'offrit son manuscrit en me proposant de le terminer un jour. Une vingtaine d'années plus tard, donner à mon étude le titre qu'il avait envisagé pour la sienne était le moindre des hommages. Et c'est ainsi que ce sujet ouvrit pour moi un parcours que je n'aurais jamais imaginé.

Mes remerciements vont d'abord à Franco Alberto Gallo, Paolo Gozza et Philippe Vendrix : ils furent mes directeurs de thèse, ils demeurent des maîtres, aujourd'hui ce sont des amis. C'est un honneur. Frédérique Lemerle et Yves Pauwels ont toujours cru à ce livre, tout comme Pierre Caye : leur soutien a été fondamental. Une pensée va à Georg Germann et Philippe Junod, à Edoardo Piccoli, à Sergio Miceli et dom Daniel Saulnier, et à mon frère Furio qui, il y a longtemps, sans le savoir, m'a appris à écrire.

Avoir la prétention de manier les mots dans une langue qui n'est pas la sienne relève, je crois, de l'inconscience. Tout cela serait resté un vœu pieux sans la contribution décisive et irremplaçable d'Annie Cœurdevey, exemple de rigueur et de patience.

PRÉFACE

Ea est hominum consuetudo, ut, quoties aliquam similitudinem inter duas res agnoscunt, de utraque judicent, etiam in eo in quo sunt diversæ, quod de alterutra verum esse compererunt[1].

Par cette déclaration initiale des *Regulæ ad directionem ingenii*, reprise par Michel Foucault dans *Les mots et les choses*[2], Descartes critique la « méthode » de ceux qui l'ont précédé, et cette prévalence de l'analogie qui caractérise le mode de pensée de la Renaissance. De ce point de vue, René Ouvrard, dont Vasco Zara ressuscite ici l'*Architecture harmonique*, est certainement resté sous le règne même de Louis XIV, un homme du XVIe siècle. Voir entre deux disciplines aussi différentes que l'architecture, art d'accommoder les bâtiments, et la musique, art d'accommoder les sons, une unité fondamentale relève bien des analogies que les hommes de la Renaissance aimaient à lire dans la « prose du monde », pour reprendre le mot de Foucault. Le point commun est évidemment le nombre, fondement de l'harmonie : en apparence, les mêmes rapports de proportions régissent l'organisation des espaces et celle des accords. La base attique équivaut ainsi à l'accord parfait. Vasco Zara renvoie avec raison au *De re ædificatoria* d'Alberti, qui écrivait dès 1454 au maître d'œuvre Matteo de' Pasti à propos de la façade du *Tempio Malatestiano* à Rimini « *le misure e proportioni de' pilastri tu vedi onde elle naschono : ciò che tu muti si discorda tutta quella musica*[3] ». Rapport réel ou discours métaphorique, cette analogie parcourt toute la pensée du siècle suivant. En 1567, Philibert De l'Orme insiste dans l'introduction de son traité sur l'universelle et musicale correspondance harmonique, dont l'architecture et l'organisation des cités est partie prenante :

---

1 « Les hommes ont l'habitude, chaque fois qu'ils découvrent une ressemblance entre deux choses, de leur attribuer à l'une et à l'autre, même en ce qui les distingue, ce qu'ils ont reconnu vrai de l'une d'elles » (Descartes, *Œuvres et lettres*, Paris, Gallimard, 1953, p. 37).

2 *Les mots et les choses*, Paris, Gallimard, 1966, p. 69.

3 Voir Cecil Grayson, « Alberti and the Tempio Malatestiano. An autograph letter from Alberti to Matteo de'Pasti, november 18, 1454 », *Albertiana*, 2, 1999, p. 237-258.

> Vous voyez par ce peu de discours, comme les maisons & citez (qui equipollent à un petit Royaume) ou, si vous voulez, le corps de l'estat œconomique, & politique, est composé de plusieurs membres & parties, ainsi que le corps celeste & humain, mais en telle sorte, telle alliance, ligature, harmonie & mesure, que l'une ne peult rien sans l'ayde, confederation et concurrence de l'autre. Qui fait que toutes estant bien unies, rapportées, conjoinctes & disposées ensemble, rendent un corps parfaict en toute symmetrie, proportion & harmonie, ainsi que plusieurs cordes aux instruments de musique. Lesquelles bien tempérées, proportionnées & accordées ensemblement, rendent une parfaicte harmonie & gracieux accord et consonance, appellée des Grecs symphonie : qui ne se reconnoist & remarque quand une chacune d'elles sonne à part[4].

Mais en 1679, lorsque paraît l'ouvrage d'Ouvrard, Descartes a considérablement modifié la vision des choses – l'expérience prend le pas sur la métaphore, renvoyant l'analogie entre architecture et musique au domaine poétique qu'exploitera encore Paul Valéry. De sorte que le maître de musique, malgré le soutien du directeur de l'Académie d'Architecture François Blondel, déclenche une polémique qui l'oppose aux « modernes » représentés en l'occurrence par Charles et Claude Perrault, qui soumettent l'analogie renaissante à l'impitoyable critique des perceptions procurées par les sens, retournant la dialectique entre pratique arbitraire de l'ouvrier et principe de l'Art initialement instaurée dès la première page de l'*Architecture harmonique*. La perception d'un édifice, comme celle du morceau de cire, est soumise aux circonstances de l'expérience. Ouvrard n'est pas un « Ancien », aveugle sectateur des antiques, mais plutôt un rescapé de l'âge des similitudes perdu dans celui du cartésianisme. Ainsi considéré, son essai participe sinon directement des « arts de la Renaissance européenne », du moins de leur crise au Grand Siècle.

Frédérique LEMERLE
et Yves PAUWELS

4 Philibert De l'Orme, *Premier tome de l'architecture*, Paris, F. Morel, 1567, ff. 3-3v.

INTRODUCTION

Le premier traité entièrement dédié aux rapports entre musique et architecture, le premier écrit par un musicien. La coïncidence de ces deux conditions aurait dû éveiller la curiosité du lecteur d'alors comme celle de l'historien d'aujourd'hui. Mais dès sa parution en 1679, l'*Architecture harmonique, ou application de la doctrine des proportions de la musique à l'architecture*, fut vite oubliée, à la fois éclipsée par la querelle qu'elle avait contribué à faire naître, et considérée comme une « bizarrerie » par les précurseurs des Lumières. Quant à son auteur, René Ouvrard, si une place lui est parfois réservée dans les livres d'architecture (en raison du rapprochement des deux disciplines, et de la manière d'en concevoir le rapport), on cherchera en vain son nom dans les histoires de la musique[1].

Architecture et musique : non pas la première comme lieu d'accueil de la deuxième, mais celle-ci qui s'érige en règle, principe de proportion et donc de mesure, de beauté, de construction. Science du son, science du bâti : c'est précisément par le biais de ce mot, *science*, qu'une analogie a pu s'établir, une analogie qui, à l'instar de celle qui relie le mouvement des astres aux harmonies de la *musica practica*, semble être une prérogative de l'Occident[2]. Les dieux chantent, de même les hommes, les animaux, les chemins sur lesquels ils marchent et même leurs rêves ; mais pas la brique, le marbre, le claveau. « Dis-moi, demande Eupalinos à Phèdre, n'as tu pas observé, en te promenant dans cette ville, que d'entre les édifices dont elle est peuplée, les uns sont *muets* ; les autres *parlent* ; et d'autres enfin, qui sont les plus rares, *chantent*[3] ? ». *Le chant des pierres* : c'est ainsi que le musicologue allemand Marius Schneider avait choisi de nommer, au milieu du siècle dernier, un livre au titre évocateur aussi bien que trompeur, puisque incapable de tenir toutes ses promesses, perdues

1 Exception faite pour James Anthony (2010, p. 128, 213, 296). Si le nom de l'auteur apparaît dans les histoires spécialisée sur des périodes ou des styles particulières (voir les travaux de Herbert Schneider et Leonard Cohen cités *infra*), son absence des tableaux plus généraux reste néanmoins réelle.

2 Pour une introduction à l'élaboration historique du concept d'harmonie dans la culture européenne, on se référera à Leo Spitzer (1963).

3 Valéry 1960, p. 93.

dans les méandres d'une allégorie mystifiante dont les racines reposent sur ce qu'il y a de plus commun : notre langage[4]. Un son haut, non pas aigu[5] ; une architecture polyphonique, un timbre solide, une construction mélodique : les dangers de la métaphore sont excessivement tentants[6]. Mais ce chant est aussi celui des pierres ordonnés « cum ordo, pondo et mensura », selon le récit du *Livre de la Sagesse* (11, 13). Découvertes – selon la légende – par Pythagore à l'écoute d'un forgeron frappant sur l'enclume, les lois mathématiques qui régissent le cosmos sont avant tout des phénomènes acoustiques, donc des proportions musicales : 1:2, 2:3, 3:4 – *diapason*, *diapente*, *diatesseron*, c'est-à-dire octave, quinte, quarte[7]. Sous l'égide de ces nombres, Platon expliqua dans le *Timée* la genèse du monde[8], et l'héritage, se fondant sur les versets de la Bible mentionnés plus haut, fut ainsi légué aux Pères de l'Église. « Musica est scientia bene modulandi » écrivait, en parfaite connaissance de cause, en se remémorant sa formation rhétorique, saint Augustin dans son *De musica* laissé inachevé, vers la fin du IVe siècle, pour se consacrer totalement à sa mission apostolique[9]. Un siècle plus tard, Boèce opérera la synthèse qui fera autorité pendant tout le Moyen Âge : la musique est Nombre rendu audible. Si c'est à son confrère à la cour de Ravenne, Cassiodore, qu'appartient la définition de *Trivium* pour les arts de la parole (Grammaire, Dialectique, Rhétorique), c'est à lui que revient celle de *Quadrivium* : Arithmétique, *multitudo per se*, quantité discrète en soi-même qui n'a pas besoin des autres mais auxquelles elle donne naissance ; Géométrie, *magnitudo immobilis*, quantité continue immobile dans l'espace et dans le temps ; Astronomie, *magnitudo mobilis*, quantité continue au contraire en mouvement dans l'espace et dans le temps ; et enfin Musique, *multitudo ad aliquid*, quantité discrète en relation avec les autres. Martianus Capella, sans procéder à cette segmentation, avait déjà proposé au début du Ve siècle le même classement dans une ultime tentative de sauvegarder le savoir de ses ancêtres face à la menace

4 Schneider 1955.

5 Sur l'émergence de la notion de hauteur dans la représentation mentale du son, voir Duchez 1979.

6 Rares, et forcément circonscrites aux langues nationales d'origine, sont les études étymologiques et lexicales du vocabulaire musical et architectural. On signalera, pour leur approche liée au sujet en question, Giani 2000, Rossi, 2002 ; et pour l'époque spécifique, Guiheux 1985, Szambien 1986.

7 Le récit, relaté pour la première fois par Boèce (*De institutione musica*, I, 10-11) est cité dans toutes les histoires de la musique ; pour le lecteur français, on renvoie à la dernière synthèse offerte par Gilles Rico en 2006.

8 *Timée*, 31b-36e.

9 *De musica*, I, 2.2.

des chrétiens et des barbares. Mais si Musique maintenait sa place au banquet de noces de Philologie et Mercure, en revanche Architecture en était évincée, considérée comme trop terrestre pour garder son rang parmi les autres disciplines mathématiques[10]. On retrouve cette dichotomie chez Vitruve, qui dans son *De architectura libri decem*, le seul traité d'architecture transmis à la postérité depuis l'Antiquité, définit l'architecture comme une science ; toutefois c'est pour souligner à la ligne suivante que son accomplissement s'acquiert par la conjonction de théorie et pratique, *fabrica* et *ratiocinatio*. Et s'il est vrai que le maître romain intègre la musique parmi les disciplines dont le parfait architecte doit avoir connaissance, il faut rappeler qu'à ses yeux elle ne sert qu'à régler la disposition des vases acoustiques afin de renforcer la diffusion du son dans le théâtre, à la construction d'instruments hydrauliques, et à mieux tendre les cordes des catapultes, balistes et autres machines de guerre (et il n'est pas anodin alors de constater qu'il se réfère non pas à la doctrine de Pythagore et de Platon, mais à celle plus sensible d'Aristoxène, pour qui ce n'est pas l'intellect, mais les oreilles qui sont juges de la beauté et du plaisir musical)[11]. Il revient à Leon Battista Alberti, au seuil du XVe siècle, dans une Florence en pleine effervescence humaniste et renaissante, d'instituer pour la première fois la convergence entre les proportions théorisées par les musiciens et celles utilisées par les architectes dans la conception et le projet d'un édifice :

> *Hi quidem numeri per quos fiat vocum illa concinnitas auribus gratissima reddatur, hidem ipsi numeri perficiunt, ut oculi animusque voluptate mirifica compleantur. Ex musicis igitur, quibus his tales numeri explorantissimi sunt, atque ex his præterea, quibus natura aliquid de se conspicuum dignumque præstate, tota finitionis ratio producetur*[12].

Avant Alberti, retrouver les proportions musicales dans les plans des cathédrales et les tracés géométriques qui les génèrent, ne relève que de

10 *De nuptiis Phililogiae et Mercurii et de septem artibus liberalibus*, v. 891 : « *cui Delius Medicinam suggerit Architectonicamque in præparatis assistere, sed quoniam his mortalium rerum cura terrenorumque sollertia est, nec cum æthere quicquam habent superisque confine, non incongrue, si fastidio respuuntur, in senatu cælite reticebunt, ab ipsa deinceps virgine explorandæ discussius* ».

11 Sur la théorie musicale dans ce traité, voir Walden 2014.

12 Alberti 1485, IX, 5, f. y ii r. ; pour la traduction je renvoie à l'édition critique établie par Pierre Caye et Françoise Choay, Paris, Seuil, 2004, p. 433 : « Les nombres qui ont le pouvoir de rendre l'harmonie des sons agréables à nos oreilles sont exactement les mêmes que ceux qui comblent nos yeux et notre esprit d'un plaisir merveilleux. Ainsi, le principe tout entier de la délimitation sera donc tiré de l'enseignement des musiciens, qui ont les plus étudié ces nombres, mais aussi des ouvrages de la nature qui présentent cette délimitation sous un aspect digne et remarquable ».

spéculations d'historiens qui cherchent à légitimer et justifier l'adoption de certaines formules de reproduction du carré et du triangle (la méthode dite *ad quadratum* et *ad triangulum*), à travers la *mathesis* musicale pythagoricienne et platonicienne : interprétations parfois cohérentes, respectueuses du contexte historique et culturelle, parfois errant entre les pièges d'un ésotérisme infructueux et d'un symbolisme velléitaire[13]. En revanche, tout ce qui suit se situe dans le sillage d'Alberti, bien entendu varié et modifié dans et par le temps : les écrits et les dessins de Filarete, Francesco di Giorgio Martini, Francesco Colonna, Francesco Zorzi, Daniele Barbaro, Palladio, Philibert De l'Orme[14]. Faut-il voir dans cette récupération de la musique par l'architecture la quête d'un patronage séculaire (le *Quadrivium*, ou plus en général l'ensemble des sciences mathématiques d'où l'architecture avait été exclue), ou une réelle application d'un *modus operandi* ? Le débat à l'heure actuelle reste ouvert, destiné, paraît-il, à demeurer sans réponse[15]. Quoi qu'il en soit, il est de toute façon évident que le recensement des auteurs qui se sont intéressés à ce sujet n'offre jusqu'à Ouvrard que des noms d'architectes *et simili*. Exception faite pour deux théoriciens du XIVe siècle, Jean de Grouchy et Jacques de Liège (bien qu'il s'agisse dans ces deux cas d'une mention, fugace mais cruciale, sur le rôle de la voix plus grave, le *tenor*, dans la construction de l'espace polyphonique, « sicut edificium debet proportionari fundamento », et qui à nouveau fait signe sur le plan étymologique), et d'une annotation furtive par un confrère du XVIe siècle, Nicola Vicentino, personne n'a pris en compte les possibilités offertes par cette correspondance[16]. Mais qu'est-ce qui pousse alors, à la fin du

13 On ne citera que les études appartenant à la première catégorie, principalement celles de Simson 1956, Heitz 1973, Hiscock 2000, Zara 2000 et 2011 (synthèse).

14 Dans un texte fondamental publié en 1949 Rudolf Wittkower retrace l'influence de la théorie musicale dans la pensée architecturale de la Renaissance et ses multiples filiations (trad. : Wittkower 1996). Bien qu'aujourd'hui profondément remise en question (Decio 1989, Payne 1994, Zanoncelli 1999, Mitrovic 2001, Samsa 2003, Zara 2007), la lecture de Wittkower reste nécessaire pour la compréhension de la problématique. On consultera aussi avec profit, pour un point de vue général Naredi-Rainer 1982 et 1985, Caye 2007.

15 Pour un compte-rendu critique de la littérature existante et de ses différentes approches méthodologiques, voir Zara 2005, et aussi Vergo 2005 (travail de synthèse, utile bien que parfois approximatif).

16 Selon Jean de Grouchy : « *Tenor autem est illa pars supra quam omnes aliæ fundantur quedamodum partes domus vel ædificii super suum fundamentum et eas regulat et eis dat quantitatem quamadmodum ossa partibus aliis* » (*Ars musicæ*, c. 1300) ; tandis que Jacques de Liège écrit dans son *Speculum musicæ* (c. 1320-1330) : « *Quis enim sine tenor discantat, quis sine fundamento edificat ? Et sicut edificium debet proportionari fundamento ut fiat edificium non ad libitum operatoris, sed secundum exigentiam fundamenti, sic nec discantas ad libitum suum notes proferre debet* » ; pour une interprétation de ces deux passages dans le contexte plus large

XVIIe siècle, en ce moment historique précis, un maître de chapelle à rédiger dans un relatif silence un ouvrage tel que l'*Architecture harmonique* ? En quoi le point de vue qu'il dégage se rapproche ou se distingue-t-il des productions de l'esprit qui l'ont précédé, et pourquoi ? Quel est son but, quelles conséquences découlent de son geste ? Et d'abord, qui est René Ouvrard ?

L'AUTEUR

Érudit, polygraphe, polémiste. Maître de musique pendant seize ans au sein de l'institution ecclésiastique la plus prestigieuse du royaume de France au XVIIe siècle, la Sainte-Chapelle du Palais de Paris, Ouvrard, introduit à la cour de Louis XIV où il cherche à faire exécuter devant le roi ses oratorios, accède aux faveurs du tout-puissant ministre Colbert, qui lui confie l'apprentissage de son fils Jules-Armand et lui accorde le privilège d'impression pour ses ouvrages. Il est proche du maître janséniste Antoine Arnauld, à qui il rend régulièrement visite à Port-Royal, où il se promène en discutant de musique et de théologie, et où il organise des petits concerts privés. Il fréquente assidûment la bibliothèque de la congrégation mauriste de Saint-Germain-des-Prés, où, tout en élucidant des attributions philologiques douteuses, il étale son dédain à l'égard des encyclopédistes réformateurs tels que Meibom et Meursius, à l'opposé de l'intérêt fraternel qu'il témoigne aux travaux des moines bénédictins, comme le démontre son approbation du traité de dom Pierre-Benoît Jumilhac sur *La science et la pratique du plain-chant.* Fidèle aux cabinets savants de la capitale, où l'on entend ses compositions, il est constamment à l'affût de tout ce qui se passe dans la « République des Lettres », à laquelle il se flatte d'appartenir. Sa longue correspondance,

---

des rapports entre musique et architecture, voir Zara 2010a et surtout Zara 2013. Quant à Vicentino, la comparaison se fait avec les « *colonne che terranno in piedi la fabrica della compositione* », et avec l'ornamentation d'un édifice : « *[...] gli Architetti accompagnano diverse maniere, de i modi del fabricare in una fabrica come si vede nel celebrato Vitruvio, che il modo Dorico, sarà accompagnato con l'Attico, & il Corintio, con il Ionico & sono talmente bene colligati, & uniti, anchora che le maniere siano diverse, nondimeno, il prattico artefice, con il suo giuditio, compone la fabrica con varij ornamenti proportionata, cosi avviene al compositore di Musica, che con l'arte puo' far variare commistioni di quarte, & di quinte d'altri Modi, et con varij gradi adornare la compositione proportionata secondo gli effetti delle consonanze applicati alle parole, & dè molto osservare il tono, o il modo* » (Vicentino 1555, ff. 47v-48r).

cinquante-six missives écrites de 1663 – année de sa nomination à la Sainte-Chapelle – à 1693, un an avant sa mort, avec l'abbé Claude Nicaise, savant dijonnais passionné d'antiquités, raconte non seulement une amitié, mais tous les intérêts, les espoirs, les désillusions d'une vie, ainsi que l'étendue du territoire intellectuel parcouru par sa curiosité[17].

René Ouvrard naît à Chinon le 16 juin 1624. On ne sait rien de ses années de jeunesse et de formation : Richelieu, cité la plus proche, n'est qu'un bourg endimanché par le nom du cardinal, et seule la ville de Tours pouvait lui offrir l'éducation culturelle, religieuse et musicale, dont il fera ensuite preuve. Les travaux d'érudits locaux nous parlent d'un frère de quatre ans son cadet, Guillaume, religieux minime, auteur entre autres d'une versification de la *Summa* de saint Thomas d'Aquin, imprimée à Bourges en 1678 et ensuite perdue, témoignant déjà d'une préoccupation prosodique partagée et cultivée[18]. À la demande de son aîné, il composa une ode latine sur les muses qui ouvre *L'art et la science des nombres* : par la suite, René n'en fera jamais mention. Ses premières traces le montrent déjà trentenaire en route vers l'Italie : un chemin empreint de dévotion, sûrement, mais aussi l'occasion de découvrir la musique de la Péninsule, dont il s'éprendra éperdument. À Rome, il se rend tous les vendredis à Saint-Marcel aux concerts de l'*Arciconfraternita del Crocifisso* (et ce sont les années de Loreto Vittori, Carlo del Violino, Virgilio Mazzocchi, Alessandro Stradella) ; à Venise, il s'étonne de cette étrange pratique consistant à ne jamais faire entendre le son de l'orgue joué en soliste, mais seulement en accompagnement de la voix[19]. Deux personnalités phares, auxquelles il rendra un hommage perpétuel, façonnent son goût : Giacomo Carissimi, érigé en modèle[20], et Giulio

17 Nicaise, *Correspondance*, Paris, Bibliothèque nationale de France, ms. fr. 9360, t. 2, ff. 4r-111r. Voir, pour un premier examen Cohen 1975. L'édition critique par Philippe Vendrix et Vasco Zara est actuellement en préparation On n'a pas conservé les réponses de Nicaise.

18 Chalmel 1841², t. 4, p. 361.

19 Nicaise, *Correspondance*, *À Paris le 24 février 1665*, f. 24r : « Monsieur – Jamais surprise ne me fut si grande que la mienne d'apprendre que vous fussiez à Rome & le mesme jour que je faisois dessein de vous écrire à Dijon & que je repassois en mon esprit mon voyage de Rome [...] je vous suis tous les vendredi à S. Marcel où se font les Concerts de la Confrairie du S. Crucifisse » ; *À Tours le 12 octobre 1683*, f. 21r : « Vous sçavez qu'en Italie on ne joüe point de l'orgue, mais seulement pour accompagner la voix. Cela a esté cause qu'estant à Venise à une de leurs grandes festes où ils chantent toute la messe & toutes les vespres & Complies jusqu'au Confiteor en Musique, je n'entendois que de cette maniere leurs deux orgues si excellens qu'ils y ont mis cette inscription, Mirabile hoc opus ferit urbanus venetus ».

20 *Ibid.*, *À Paris le 24 février 1665*, f. 24v : « J'ay du respect pour tout ce qu'il fait et pour ce que j'ay oüy de lui pendant mon séjour à Rome où j'estois son auditeur ordinaire toutes les festes & dimanches ».

Caccini, auquel il attribue l'invention de la basse continue[21]. Entamé en 1655, le séjour aurait pu durer quelques mois à peine ou deux ans au plus, si l'on tient compte de la peste qui secoua la Ville éternelle à partir du mois d'avril et qui l'isola du reste du monde jusqu'en 1657[22]. C'est au retour en France que débute sa carrière, curieusement échelonnée tous les trois ans. En 1657 il obtient le poste de maître de chapelle de la cathédrale de Bordeaux ; l'année suivante il publie sous le pseudonyme de R. du Reneau le *Secret pour composer en musique*. Il s'agit d'un traité de composition à quatre parties sur basse continue redevable tant à Caccini qu'aux *tabulæ compositoriæ* du père jésuite Athanasius Kircher, et qui révèle d'emblée ses prédilections : l'empreinte italienne, jointe à une rigueur numérologique animée par une *logica mirifica*[23]. Deux ans après il est maître de musique à la cathédrale de Narbonne, et son ouvrage bénéficie d'une deuxième édition sous son vrai nom. Trois ans encore et il devient, ascension remarquable, maître de musique à la Sainte-Chapelle[24]. Une fois à Paris, Ouvrard, précurseur dans ses choix musicaux, sinon dans le style, commence à écrire, et ne se lassera plus. De la musique avant tout : une *Guerre en musique* tirée de l'histoire de Joseph, dont ses lettres rendent un témoignage enthousiaste dès 1663, et qu'il appelle « Opéra », appellation italienne qui lui permet d'afficher ses préférences, à contre-courant au moment où le roi chasse le *belcanto* des théâtres français[25] ; et des *Leçons des ténèbres* à exécuter en dehors même du Carême, « occupation importune [...] qui m'est la plus difficile et presque impossible [...] lorsque l'esprit n'a plus

21 La référence est dans son *Abregé de l'histoire de la musique depuis son origine jusqu'à notre temps*, contenu dans *La musique rétablie*, ms. 822, f. 28r (voir *infra*, n. 39) : « Julio Caccini Florentin a introduit le premier la Basse continue au commencement de ce Siècle l'an 1600 & de là on a pris occasion de mêler avec les voix toutes sortes d'Instruments en différentes manieres », *cf.* Vendrix 1988.

22 Il est fort probable que le séjour romain fut de courte durée, car Ouvrard n'aurait pas manqué d'évoquer un événement aussi dramatique. Reste une dernière interrogation : est-il vraisemblable qu'un jeune novice qui n'a pas encore prononcé les vœux définitifs puisse organiser et faire tout seul un tel voyage, et qui était son mécène ?.

23 Ouvrard 1658. Quant au modèle représenté par Kircher 1650, voir Chierotti 1994 et Pangrazi 2009. Sur le rôle d'Ouvrard dans la théorie musicale française du XVIIe siècle, *cf.* Schneider 1972 et Zara 2016a.

24 Sur le parcours d'Ouvrard et son enseignement à la Sainte-Chapelle, voir Brenet [Bobillier] 1910.

25 Nicaise, *Correspondance*, *À Paris le 16 Juillet 1666*, f. 7r : « Cependant Monsieur vous sçaurez par occasion que le Roy a congedié sa Musique Italienne depuis quinze jours & qu'ainsi ils s'en retournent en leur pays hors peut estre la Signora Anna [...]. J'ay pourtant résolu & ce sont vos persuasions qui me font prendre ce résolution de mettre en partition quelqu'un de nos grands Ouvrages (c'est à leur mode que je parle, Opera) ».

l'idée des lamentations[26] ». Mais quelque chose survient, dont la correspondance, interrompue – ou au moins non parvenue – de 1668 à 1672, ne fait pas état. À l'exception d'une petite composition homorythmique et syllabique – *tetraphonum* laissée en exergue de son testament afin « que tous les dimanches après matines les enfants de chœur chantent à quatre parties le verset "Non nobis domine non nobis etc." tel que je l'ai composé à ce dessein devant la chapelle Saint-Jérôme, la face tournée vers le grand autel[27] » – force est de constater que non seulement aucune de ses partitions n'est arrivée jusqu'à nous, mais que pas une seule fois, tout au long de son échange épistolaire, Ouvrard ne mentionne son activité de compositeur, comme si elle n'avait guère eu d'importance ; il est en cela suivi par Nicaise, par l'intermédiaire de qui pourtant il recevait des manuscrits de musique, notamment en provenance d'Italie[28] comme on le voit dans le *Mémoire* rédigé après la mort d'Ouvrard survenue le 19 juillet 1694, où on trouve un inventaire de sa production littéraire[29]. Voilà où le musicien refoulé canalise alors ses énergies : dans une activité théorique débordante et touche-à-tout. Deux ouvrages de théologie d'abord : cinquante pages pédagogiques, *Studiosis sanctorum scripturarum Biblia sacra*, rythmées par une versification implacable – un effort qui n'est pas sans rappeler celui de son frère ci-dessus évoqué – et un gros ouvrage, *Motifs de réunion à l'Église catholique adressé aux réformateurs*, tous deux publiés en 1668 par le même éditeur des cercles jansénistes, Savreux[30]. Près de dix ans de silence et l'année 1677 voit paraître les dix livres qui composent *L'art et la science des nombres*, qui se présente lui aussi comme un exercice

26 *Ibid.*, *À Paris le 1er Septembre 1664*, f. 18r.

27 *Testament de Monsieur Ouvrard, 18 juillet 1694*, Tours, Archives départementales, Série G 146 ; la partition apparaît également en ouverture du deuxième tome de *La musique rétablie* – voir *infra*, n. 39 – et il est cité par Nicaise dans son *Mémoire* (apposé en ouverture de la *Correspondance*, ff. 2r-3r), qui cite le texte mais ne reporte pas la partition ; la transcription moderne a été faite par Duron 1994-1995, qu'en l'appelant « petit canon » en donne toutefois une identification formelle erronée.

28 *Cf.* : Nicaise, *Correspondance*, *À Paris le 24 Février 1665*, f. 25r, où il lui demande de faire provision de « chordes Romaines » pour le théorbe ; mais surtout : *À Paris le 6 Mai 1672*, f. 30r, où on trouve la première mention de « l'extrait de ce qu'il y a de rare de Musique dans la Bibliothèque du Vatican » qui lui avait été transmis, grâce à l'intermédiaire de Nicaise, par le cardinal Giovanni Bona (réformateur renommé et auteur du *Psallentis Ecclesiæ Harmonia*, Rome, J. P. Collinii, 1653, en traduction française dix ans plus tard avec le titre *De divina psalmodia*), et cité ensuite à plusieurs reprises.

29 *Ibid.*, *Mémoire concernant Maistre René Ouvrard prestre chanoine de l'Église métropolitaine de Tours*, ff. 2r-3r.

30 Ouvrard 1668a et Ouvrard 1668b.

mnémotechnique et versifié des principes arithmétiques assortis d'algèbre, essai monumental et bilingue, latin et français, reposant sur une conception renaissante, selon laquelle les spéculations de Fermat n'aboutissent « qu'à se rompre la tête après des fractions de fractions qui ne produisent que des zéros » ; celle de Descartes sont des « plaisanteries[31] ». Il n'empêche : c'est sur ces bases qu'il forge son *Architecture harmonique*, l'œuvre qui pourrait enfin lui ouvrir les portes d'une certaine reconnaissance – elle est en effet immédiatement reprise et intégrée dans le *Cours* du premier directeur de l'Académie Royale d'Architecture, François Blondel[32]. Mais quelque chose, à nouveau, intervient. Conflits au sein de la Sainte-Chapelle ? Le lieu n'était pas des plus édifiants : jalousies, convoitises, procès, les lettres en témoignent[33]. Affinités jansénistes mal tolérées même à l'endroit d'un protégé de Colbert ? Prétentions gallicanes au moment des oppositions irrémédiables entre Louis XIV et Innocent XI, dont témoigne sa *Défense des anciennes traditions de l'Église de France*, parue en 1678 et écrite sous l'impulsion d'Arnauld, qui l'avait autrefois exhorté à se pencher sur les « matières de controverse[34] » ? Quoi qu'il en soit, en cette même année 1679 où le maître janséniste quitte Paris pour Bruxelles, Ouvrard se retire à Tours, où il détenait depuis 1668 un canonicat. C'est un échec : le « jardin de la France » n'est pas encore la province paisible de Proust, aimée des Belles Lettres, mais une campagne noyée de brouillard et d'un « silence affreux » où Charles Perrault recouvre d'un temps perdu, figé et immobile, sa *Belle au bois dormant*[35]. Si au début Ouvrard dissimule sa déception sous la rhétorique du retour au pays natal, bientôt il se plaint ouvertement de cette ville où « le peu qu'il y a ici des livres ils sont dans les greniers de proye aux rats, à la poussière & aux araignées[36] ». Toute au regret de la capitale, sa plume ralentit

31 Ouvrard 1677 ; quant aux jugements péremptoires à l'adresse de Fermat et Descartes, voir Nicaise, *Correspondance*, *À Paris le 28 Février 1672*, f. 29r ; *À Tours le 26 Avril 1692*, f. 99v.

32 Ouvrard 1679, Blondel 1683, Livre V, Chap. XI. *Application des proportions de la Musique à l'Architecture par M. Ouvrard*, p. 756-758, Chap. XII. *Suite de la même pensée*, p. 758-760. Sur la figure de Blondel, voir Gerbino 2010.

33 Nicolas Boileau s'en amusera dans son pamphlet sur le lutrin, Boileau 1674 ; *cf.* Emard, Fournier 1963.

34 Ouvrard 1678 ; *cf.* aussi Nicaise, *Correspondance*, *À Paris le 6 Mai 1672*, f. 31r : « Je me promenay longtemps avec M[r]. Arnauld & nous nous entretînmes fort sur mon dessein de Musique à quoy il m'exhorte comme aussi sur les matières de Controverse ».

35 Clin d'œil en guise de parallèle déjà établi par Sergio Villari, *cf.* Scalvini, Villari 1994, p. 22-23, à qui je rends hommage.

36 Nicaise, *Correspondance*, *À Tours le 12 Mai 1681*, f. 69r.

mais ne s'arrête pas : en 1682 il soumet au pape, grâce aux bons soins du cardinal Jean Gautier De Sluse, mais sans succès, son *Calendarium novum perpetuum et immutabile* pour la fixation d'une date stable de la fête de Pâques au 12 avril grâce à l'addition d'une semaine à la fin du mois de novembre[37]. Un bréviaire *turonense*, récemment découvert et dont l'étude pourrait éclairer les mouvements de réforme français au XVIIe siècle, l'occupe de 1683 à 1685[38] ; d'autres textes, imprimés ou notés sur des feuillets, et aujourd'hui tous disparus, sont destinés à la conversion de protestants. Mais surtout, il continue à travailler à son *opus magnum*, couronnement inachevé d'une vie, œuvre conçue dès 1668 et à laquelle il avait commencé à mettre la main en 1672 : *La musique rétablie depuis ses origines*, immense projet, encore une fois bilingue latin et français, visant à réunir tout ce qu'a été dit, écrit et fait sur la musique[39]. Résumés des sciences mathématiques et acoustiques (métaphysiques et libérales), histoire de la musique des Hébreux, des Grecs et des Latins, dictionnaire lexicographique où répertorier tous les termes musicaux, tant anciens que modernes, en grec, latin et français, explication des principes de la pratique du chant et de la composition à deux et plusieurs voix, recueil de toute la littérature musicale, depuis les traités des théoriciens jusqu'aux plus fugitifs passages des philosophes, proposition de création d'une académie publique d'enseignement de la musique sous le magistère de Platon, ce vaste dessein qui avait déjà reçu l'approbation de Colbert, ne vit pas sa fin : Ouvrard ne réalisa qu'une partie seulement, en deux tomes manuscrits à la graphie exténuée au fur et à mesure que le temps passe – trente ans ne lui suffiront pas. Ce qui en subsiste (440 folios répartis en deux volumes) comporte une introduction générale de nature historique, un traité des proportions, un autre sur la nature du son, la version française, quoique partielle, des textes fondateurs de Guy d'Arezzo, Aristoxène, Euclide, Nicomaque, Gaudentius, Bacchius et Aristide Quintilien, et des bribes dispersés d'autres sujets les plus divers, parmi lesquels des informations très intéressantes sur la pratique musicale de l'époque. La perspective est résolument encyclopédique, et les prédécesseurs sont nommés : Cerone, Zarlino, Mersenne, Kircher, pour ne rappeler que les

37 Ouvrard 1682.

38 Ouvrard 1685 ; la redécouverte reviens à Xavier Bisaro, que je remercie d'avoir partagé l'information avant publication, et dont on consultera avec profit l'étude fondamentale sur le sujet (Bisaro 2006).

39 Ouvrard, *La musique rétablie depuis son origine, et l'histoire des divers progrez qui s'y sont faits jusqu'à notre temps*, Tours, Bibliothèque municipale, mss. 821-822.

principaux. Son souci historiographique précède d'un demi-siècle celui de l'abbé Bourdelot, amenant ainsi à antidater la naissance d'une discipline historique française[40]. À ce propos son maniement de la matière, par l'application de la méthode herméneutique janséniste, qui lui permet de se débarrasser de toute appropriation mythologique de la genèse musicale, révèle une attitude rationnelle jusque là inédite[41]. Une telle démarche est confirmée d'ailleurs par ses expériences sonores, visant à concilier les résultats d'une approche physique, empiriste et expérimentale, avec les lois d'une mathématique philosophique et spéculative d'origine pythagoricienne et platonicienne[42]. Et si les étagères de la *Bibliothèque harmonique* imaginée par Ouvrard restèrent assez longtemps vides, elles se remplirent ensuite avec le *Catalogue des livres* et surtout le *Dictionnaire de musique* de Sébastien de Brossard, à bien des points de vue redevables aux songes du vieux chanoine tourangeau. Rétablir, voilà la clef d'accès à la spéculation d'Ouvrard, le mot qui revient sans cesse tout au long de sa pensée en action, récurrent au sein de l'*Architecture harmonique*, omniprésent aussi bien dans le frontispice que dans le titre de sa *Musique rétablie*, « *a fundamentis restituta* », puisque les assises sur lesquelles les principes des arts demeuraient depuis des siècles étaient en train de s'écrouler, démentis par les nouvelles découvertes physiques face auxquelles il fallait trouver une réponse. Si elle traduit les échecs d'une vision, son œuvre en montre aussi toutes les possibilités, en dessinant une géographie du monde érudit non pas en évolution mais en ébullition. Conscient des dangers qui le guettent, Ouvrard récupère les textes des pères fondateurs et conçoit à l'ombre de Port-Royal les coordonnées d'une nouvelle route pour contourner l'écueil d'une harmonie rétablie. Mais une sorte de fatalité semble s'attacher à ses pas : si le maître ne renonce pas à la confiance inébranlable dans le nombre, son disciple préféré, Étienne Loulié, inventera le métronome[43]. Toute la distance qui sépare Ouvrard de la postérité est là.

A-t-il été le dernier savant qui chercha à perpétuer la mémoire de l'ancien ordonnancement libéral des arts et des sciences, ou plutôt l'annonciateur de l'esprit nouveau qu'il avait senti souffler dans les salons parisiens ? Les paradoxes de sa production en soulignent les conflits, non

40 Voir Vendrix 1993.

41 Zara 2008 (étude détaillée, avec index de l'œuvre).

42 *Cf.* Vendrix 1992.

43 Sur la relation qui lia l'élève au maître, et les influences que ce dernier ait pu exercer, voir Ranum 1987 et Zara 2018.

pas les incompatibilités. Son héritage se transmet dans une capacité spéculative fondée sur l'utilisation d'un intellect harmonique. Dans la définition des critères ontologiques il amorce un processus de réflexion sur les instruments de systématisation qui sera fondamental au siècle suivant. Aux historiens, il offre l'appréciation d'un intérêt contradictoire sans être antinomique, au delà des froids schémas historiographiques auxquels souvent on a recours pour expliquer la propension encyclopédique des érudits du Grand Siècle. Toutes ces avancés constituent la mesure d'un paradoxe bien plus fréquent, peut-être, qu'on ne le pense généralement.

L'ŒUVRE

GENÈSE

L'*Architecture harmonique* naît de façon fortuite, fruit d'une contingence. Lorsqu'il monta les marches du Louvre qui le conduisait en audience chez Colbert, Ouvrard n'imaginait probablement pas en sortir avec la singularité que son traité de trente pages à peine représente.

> Je viens de contracter une espèce d'engagement avec Mons. S^r^. Colbert qui me fait l'honneur de vouloir que j'apprenne quelque chose à Monsr. Son fils le Surintendant des bastimens.

Voilà ce qu'il note simplement dans sa correspondance, le 2 décembre 1678[44]. Aucune curiosité ou inclination particulière ne se manifeste avant cette mince information : les rapports entre musique et architecture ne semblent pas prioritaires dans sa spéculation. Même par la suite, ce sujet ne sera qu'un corollaire du *Traité particulier des proportions, avec les autres arts qui s'en servent, comme la fabrique des orgues, des cloches &c.*, qui complète sa *Musique rétablie*[45]. Nul doute par contre quant au contenu de l'enseignement dispensé, rappelé d'ailleurs dans l'épître dédicatoire qui ouvre le traité :

> Vous, MONSEIGNEUR, qui parmi vos grandes occupations ne laissez pas d'appliquer vos soins au rétablissement des Arts & des Sciences, & qui voulez par l'autorité de Pere, que Monsieur le Surintendant des Bâtimens de sa

44 Nicaise, *Correspondance*, *À Paris le 2 Décembre 1678*, f. 60r.
45 *Ibid.*, *À Tours le 6 Novembre 1690*, f. 11r.

> Majesté, sçache tout ce qu'il doit sçavoir pour exercer dignement sa Charge, Vous ne soufrirez pas que cette Science que je vous presente, demeure plus long temps ensevelie, ou que mon peu de considération la fasse mépriser par ceux qui la pouvoient découvrir, s'ils avoient cherchée dans les sources où je l'ay puisée[46].

C'est là que se découvrent les raisons qui poussèrent Colbert à lui assigner cette tâche, et à Ouvrard à en accepter le poids. Une piste qui amène tout droit au lieu de rencontre des deux intéressés : le Louvre. Les faits historiques liés à ce monument sont connus : faut-il les rappeler ? Les événements sont là, il manque l'angle de vue. L'histoire, selon Paul Veyne, n'est qu'un « roman vrai[47] », construit en maniant de la manière la plus cohérente possible les procédés du tableau. Là réside sa crédibilité. À mon tour d'oser, et de proposer[48].

Le Louvre donc : une résidence négligée par celui qui devrait l'habiter – le roi – mais chère à l'esprit de son ministre, qui veut en faire, comme il se doit, le siège de la monarchie au cœur de la capitale, et qui y fera converger, coûte que coûte, toutes les ressources intellectuelles et artistiques de France et d'ailleurs. En effet, insatisfait des propositions françaises issues du concours lancé en 1664 pour entourer la façade est, Colbert s'adresse à Bernin, l'architecte des papes, en une requête qui passera à l'histoire comme l'« appel aux Italiens », car il était convaincu que le *Cavalier*, du seul fait d'être Italien (et donc l'héritier direct des maîtres de la Renaissance), serait capable de proposer une solution digne d'une résidence royale. Bernin arrive en juin 1665 : Colbert veut savoir où seront les lieux d'aisance, Bernin pontifie sur l'architecture française, Charles Perrault, influent secrétaire de Colbert, futur instigateur de la *Querelle des Anciens et des Modernes*, agit dans la direction contraire et excite un sentiment de revanche parmi les architectes de la cour. Bernin quitta Paris quatre mois plus tard, une fois assurée la pose des fondations, persuadé de la bonne continuation de son programme. La courte durée de ce séjour divise encore les historiens des deux cotés des Alpes, les uns l'appelant *la visita di Bernini a Parigi*, les autres « l'échec de Bernin[49] ».

46 Ouvrard 1679, p. 3.

47 Veyne 1971.

48 Ce qui suit reprend pour l'essentiel les argumentations déjà présentées dans Zara 2006.

49 Exceptionnel reportage de l'époque, témoignage de première main : Fréart de Chantelou 1885, carnet rédigé par Paul Fréart de Chantelou, désigné par Colbert en tant que guide et interprète de Bernin en France ; mais on consultera également, bien qu'évidemment plus partisan, les *Mémoire de ma vie* de Charles Perrault, voir Picon 1993, p. 152-182. *Cf.* Gould 1982, et Zarucchi 2013.

Quoi qu'il en soit, deux ans passent et Colbert décide de convoquer un « petit conseil » de trois architectes – Louis Le Vau, Charles Le Brun et Claude Perrault, frère de Charles, qui n'est pas vraiment architecte, mais médecin, âgé de 54 ans, l'un des membres fondateurs de l'Académie des Sciences[50] – afin qu'ils puissent, de façon collective et anonyme, briguer la commande de la colonnade pour la façade est du Louvre ; après quoi il notifie à Bernin l'abandon de son projet. Une fois achevée cette célèbre Colonnade (que la tradition historique attribue depuis toujours au seul Claude Perrault), Colbert ouvre en 1671 le concours pour la création d'un sixième ordre d'architecture qui résume, synthétise et exprime, puisque placé au dernier niveau de la Cour carrée du Louvre, le caractère de la nation française, naturel accomplissement et *summa* des autres[51]. Cette même année l'infatigable ministre crée la dernière des académies du Royaume : l'Académie d'Architecture. Encore deux ans – 1673 – et Claude Perrault publie, après une gestation d'une décennie, *Les dix livres d'architecture de Vitruve. Corrigez et traduits nouvellement en François.* Sur le frontispice on peut admirer la réunion de toutes les œuvres de l'esprit du médecin-architecte : la façade est du Louvre, l'Observatoire astronomique et l'arc de triomphe du Trône, au faubourg Saint-Antoine, ainsi qu'Architecture faisant présent à Louis XIV du canon vitruvien, tandis qu'à droite du monarque apparaît un chapiteau d'ordre français ; une référence qui ne pourrait être plus précise, tant pour l'illustration du caractère normatif de la traduction que pour la célébration de la splendeur artistique atteinte[52]. [Figure 1] Quant au contenu, le *Vitruve* devrait répondre à la mission de l'Académie : élaborer un *corpus* officiel capable non seulement d'organiser la discipline, mais aussi d'exercer un contrôle théorique strict sur la production artistique. En réalité, le copieux commentaire joint à la traduction n'obéit pas à la consigne : plutôt que valider, Perrault s'attache à affaiblir une doctrine jugée vétuste, et dont les fondements reposent sur le statut des proportions. La *Préface* est à cet égard explicite et ne laisse pas place au doute : « la beauté n'ayant guère d'autres fondement que la fantaisie[53] ». Le débat

50 Sur Claude Perrault, *cf.* Herrmann 1973, Picon 1989, et Petzet 2000. Alberto Pérez-Gómez fait de Perrault un des piliers de sa dissertation, mais oublie complètement Ouvrard, en le reléguant en note en bas de page dans un rôle accessoire, *cf.* Pérez-Gómez 1995, p. 27-94 : 93.

51 Wildestein 1964, Pérouse de Montclos 1977, Szambien 1986, p. 35-46, et pour son successif rayonnement Weinberger 2006.

52 Pour la lecture du frontispice je renvoie à l'*Introduction* n. p. de 2005 d'Antoine Picon à la reproduction anastatique de Perrault 1673 ; *cf.* également Pérouse de Montclos 2002, p. 252, et Germann 2009, p. 219-248.

53 Perrault 1673, *Préface*, n. p.

change alors de champ, et du chantier se déplace à l'ouvrage imprimé. L'année suivante l'*Abrégé des dix livres d'architecture de Vitruve* stimule à la pensée du traducteur :

> On s'est aussi accoûtumé à aimer les proportions des membres de l'Architecture plutôt à cause de la bonne opinion que l'on a de ceux qui les ont inventées [...] que pour aucun autre motif; puisque souvent ces proportions sont contre la raison[54].

Cette virulente contestation ne reste pas sans écho, mais il ne reviendra pas aux institutions de l'apaiser. S'il est vrai que l'Académie d'Architecture, ayant eu connaissance de tel propos une année avant la publication du *Vitruve*, avait choisi de discuter dès sa première réunion et en première instance « s'il y avait une règle positive ou si elle était arbitraire [...] introduite par l'usage, l'accoutumance que les hommes ont à la reconnaître dans les ouvrages anciens » (renvoi précis à l'argumentation utilisée par Perrault)[55], et que Blondel, premier directeur de cette nouvelle institution, avait jugé opportun de rééditer, en même temps que la traduction de Perrault, *L'architecture françoise des bastimens particuliers* de Louis Savot de 1624 (c'est-à-dire le premier traité à inclure des notes sur la législation du bâti)[56], en définitive la tâche sera accomplie par Ouvrard. Dans les premières pages de l'*Architecture harmonique* l'allusion au Louvre est nette et sans équivoque :

> Quoyqu'il soit plutost le Rétablissement d'une ancienne Doctrine que l'Invention d'une nouvelle, je ne crains point de dire, qu'il est préférable à beaucoup d'autres Inventions, & que quand sa Maiesté a propose un Prix pour celuy qui inventeroit un nouvel Ordre d'Architecture, Elle demandoit moins que ce que j'apporte auiourd'huy pour perfectionner ce bel Art ; puisque sans la Doctrine des Proportions Harmoniques tous les Ordres d'Architecture ne sont que des amas confus de pierres sans ordre & sans regle[57].

À peine le rideau vient-il de s'ouvrir qu'Ouvrard cependant disparaît, accaparé par des événements personnels qui le poussèrent loin de la vie active, éclipsé dans le regard des historiens par d'autres protagonistes réputés de plus de poids, réduit au statut anecdotique que lui valut la controverse engagée avec l'un d'entre eux : Claude Perrault.

---

54 Perrault 1674, p. 108. Sur l'*Abrégé*, voir Lemerle 2011.

55 Lemonnier 1911-1929, t. 1, p. 5-6 ; sur la création de l'Académie d'Architecture et ses liens avec les débats autour du Louvre, voir aussi Gerbino 2011 (dernier accès le 29 août 2012).

56 Savot-Blondel 1673.

57 Ouvrard 1679, p. 2.

INTERLOCUTEURS

Les deux hommes se connaissaient et se côtoyaient. Ouvrard prétend même avoir été interpellé par son adversaire, au sujet du traité d'Aristoxène auquel Vitruve fait référence pour illustrer la théorie musicale :

> À propos de ce que je vous avois mandé touchant la dissertation de M^r^. Perrault que je ne voulois pas voir, je le rencontray luy mesme au Louvre où il a de l'intendance sur les Bastimens sous M^r^. Colbert & l'ayant salué tout en passant il se souvint m'avoir consulté sur le Chapitre de la Musique de son Vitruve & le lendemain il m'en fit present avec un compliment de reconnaissance au delà de ce que luy avois pû dire sur cette matiere. Cela m'obligea de l'aller voir pour l'en remercier & alors il me voulut luy mesme faire voir sa dissertation sur la Musique des anciens. Je luy dis que j'en avois ouy parler & que j'avois travaillé sur le mesme sujet[58].

Les sentiments qui les animent sont manifestes et réciproques. Mais peut-on pour autant justifier une attitude aussi fermée de la part d'Ouvrard ? D'autant plus que loin de se rétracter, il réitère :

> Mais je vous diray en cette rencontre ce que je disois a feu M^r^. Perrault qui me vouloit communiquer ses Traittez du Bruit en manuscrit avant que j'eusse achevé le mien de la nature du son, que je ne le voulois point voir que je n'eusse entièrement achevé le mien, de peur de mesler mes idées avec les siennes[59].

Une anecdote, relatée dans la correspondance, vient éclairer la relation entre les deux hommes : Ouvrard se trouve chez Perrault, où on l'imagine paisiblement installé dans un fauteuil. La discussion tourne – faut-il le dire ? – autour du statut des proportions. Perrault lui fait part de son scepticisme à l'égard d'une loi universelle qui définirait la beauté dans les arts : « dès le commencement de l'établissement de l'académie des Sciences [il avoit] soutenu contre M^r^. Blondel qu'il n'y avoit point de beauté positive ny dans l'architecture ny en autre chose[60] ». Ouvrard intervient insidieusement :

> En effect il avoit etably ce paradoxe dans son Vitruve, je le fis demeurer d'accord qu'il y en avoit en Musique, apres quoy je luy dis que la conséquence en estoit aisez à tirer dans les autres arts fondez sur les proportions. Et comme c'estoit en sa maison qu'il avoit fait bastir de nouveau je luy demanday quelle proportion il avoit gardée en sa porte d'entrée, il me dit qu'elle estoit doublez

58 Nicaise, *Correspondance*, *À Paris le 28 Novembre 1674*, f. 48r.

59 *Ibid.*, *À Tours le 14 Avril 1690*, f. 92r.

60 Voir *supra*, n. 55.

> de la hauteur à la largeur, & qu'il ny avoit que cette proportion nécessaire dans l'architecture c'est à dire qui n'estoit pas arbitraire, je luy demanday ensuite pourquoy ces fenestres au croisée estoient en telle distance & pourquoi non pas en une autre à l'égard de celle du milieu ; la proportion d'égalité fut encore esprimé positive[61].

S'ensuit un différend sur l'arc de triomphe dessiné par Perrault ; ce dernier se plaint des critiques qu'on lui adresse et Ouvrard lui répond en faisant fi de ses propres opinions concernant l'inutilité des maîtres, dont la conséquence serait de laisser libre cours au hasard et aux caprices des gens, « qui n'auront qu'à dire que la chose ne leurs plaist pas[62] ». Perrault songe déjà à sa *Méthode* réglée en économie, à partir des petits nombres, parce que simples et faciles à mémoriser, tandis qu'Ouvrard y entend toujours l'arrière-plan musical.

> Enfin il me sembloit l'avoir laissé dans une disposition d'y faire réflexion, & de n'abandoner pas ainsi de proye aux ignorans tout ce qu'il peut y avoir de reguliers dans les arts[63].

La tentative n'aboutira pas, la suite nous le confirmera. Réputé subalterne, le rôle d'Ouvrard a été confiné à une querelle personnelle avec le médecin jugé plus talentueux. Il est vrai que tout les oppose. Il suffit de se pencher sur leurs argumentations : axiomatiques, apodictiques, irréconciliables, bien que toutes fondées et validées à partir de l'examen des processus cognitifs et des modalités de perceptions des organes des sens[64]. Pour Ouvrard la *ratio* mathématique non seulement explique la cause ultime du plaisir sensible[65], mais aussi construit un édifice qui, littéralement, résonne et rend matériellement audible, dans la plénitude de la structure architecturale, tout le monde sonore que recèle l'entrecroisement des rapports proportionnels. Or l'analyse des mêmes paramètres physiques amène Perrault, avec une semblable évidence, aux résultats diamétralement opposés ; c'est-à-dire au constat de la différence essentielle et substantielle entre la connaissance expérimentée par l'ouïe et celle obtenue par l'intermédiaire de la vue[66]. Il ne s'agit

---

61 Nicaise, *Correspondance*, *À Tours le 12 Octobre 1683*, f. 20r-21r.

62 Sur l'affaire liée à l'Arc de Triomphe de Perraut, voir spécialement Petzet 1982.

63 Nicaise, *Correspondance*, *À Tours le 12 Octobre 1683*, f. 21r.

64 Voir particulièrement Vendrix 1989.

65 Ouvrard 1679, p. 30 : « Ces Regles estant infaillibles et fondées sur l'analogie de nos deux plus nobles Sens, en qui nostre Ame desire la mesme proportion ».

66 Perrault 1683, p. IV : « La connoissance que nous avons par le moyen de l'oreille de ce qui resulte de la proportion de deux cordes dans laquelle l'harmonie consiste, est tout à

pas de mettre en discussion la consubstantialité des rapports musicaux à la raison mathématique, mais plutôt de contester sa prétendue universalité dans la fondation du statut ontologique des arts[67]. Perrault renie Vitruve et Ouvrard s'emploie à démontrer, contre toute logique, qu'en vérité dans son traité « toutes les Proportions qu'il a prescrites, sont toutes Harmoniques, quoy qu'il ne leur ait pas donné ce nom, ou que peut-estre il n'en sçeut pas la qualité[68] ». « Il faudrait pour justifier Vitruve que tout ce qui appartient à la vue dépende de l'œil », riposte non sans ironie Perrault, tout en sachant que :

> L'oreille n'est pas capable de luy donner la connoissance de cette proportion : mais l'œil qui est capable de faire connoistre la proportion qu'il fait aimer, ne peut faire sentir à l'esprit aucun effet de cette proportion, que par la connoissance qu'il luy donne de cette proportion[69].

Coup d'épingle supplémentaire à l'adresse du maître de musique, lequel au contraire avait affirmé que :

> Ce qu'il y a de différence, c'est que les proportions de la Musique consistent tellement dans un point indivisible, que sur le Monochorde l'épaisseur d'un cheveu qui manqueroit à la justesse du son harmonieux se fait sentir ; au lieu que la veue n'est pas si subtile pour apercevoir les petits defauts des proportions ; & que l'accoûtumance d'en voir peu de régulières, rend supportable celle qui ne le sont pas[70].

Le destinataire est clairement visé : cette « accoutumance d'en voir peu de régulières », est un principe déjà esquissé dans *Les dix livres d'architecture* et que Perrault peaufinera, via ses *Essais de physique*, jusqu'à devenir dans l'*Ordonnance* « une seconde nature humaine[71] ». L'écho, ou peut-être la mémoire, de ce dialogue de sourds retentit encore dans

---

fait differente de la connoissance que nous avons, par le moyen de l'œil de ce qui resulte de la proportions des parties » ; sur ce traité en particulier, voir, en plus des études cités *supra* n. 50 : Scalvini, Villari 1991, et Lemerle 2006.

67 Perrault 1673, p. 102, n. 2 : « Les proportions des membres d'Architecture n'ont point une beauté qui ait un fondement tellement positif, qu'il soit de la condition des choses naturelles, et pareil à celuy de la beauté des accords de la Musique, qui plaisent à cause d'une proportion certaine et immuable, qui ne dépend de la fantaisie » ; voir aussi *supra*, n. 53.

68 Ouvrard 1679 p. 16 ; sur les conséquences de cette démarche spéculative, voir *infra*, § *Réception*.

69 Voir *supra*, n. 66.

70 Ouvrard 1679, p. 9.

71 Perrault 1683, p. 102 ; sur la notion d'accoutumance en tant qu'instrument supplémentaire de la faculté du jugement, et donc de la dette de Perrault envers Descartes, voir en plus des textes cités *supra*, n. 50 : Tenenti 1953.

les pages du *Parallèle des Anciens et des Modernes* de Charles Perrault, exactement dans les mêmes termes, quand l'Abbé (dont la science est « digerée par la méditation [...], plus riche de ses propres pensées que de celles des autres », éloge qui dévoile en filigrane le profil du frère ainé)[72], réprimande le Président, coupable de penser que la « beauté parfaite » en architecture consiste « d'avoir attrapé un certain point que la Nature leur a prescrit, de mesme que nous voyons dans la Musique qu'une octave ou une quinte frappe agreablement l'oreille, quand l'un ou l'autre de ces accords a rencontré la juste distance des tons qui le composent[73] » (le renvoi à Ouvrard se lit aisement), et l'assomme d'une sentence aussi péremptoire que laconique :

> La comparaison des ornemens de l'Architecture, avec les accords de la Musique n'est nullement recevable, c'est independamment de la convention des hommes & de l'accoustumance de l'oreille[74].

Et voici que le Président s'évertue à expliquer comment les colonnes, piliers de la règle architecturale, « changent de proportion selon l'ordre où ils sont employez [...]. Cette diversité de proportions assignée à chaque ordre marque bien qu'elles sont arbitraires, & que leur beauté n'est fondée que sur la convention des hommes & sur l'accoustumance[75] ». Le même concept et le même adage répétés en deux pages, le chapitre est clos ; ce n'est plus la peine de s'y attarder. C'est que, six ans auparavant, en 1682, la publication d'un texte dont le contenu était amplement connu et commenté dans les cercles académiques était finalement parvenu à court-circuiter l'impasse critique : *Les édifices antiques de Rome dessinés et mesurés exactement par Antoine Desgodets*[76]. Envoyé dans la Ville éternelle une décennie auparavant par le même *deus ex machina* Colbert pour y effectuer un immense travail de relevé métrologique de ce qui reste des monuments et des palais de la Rome ancienne, Desgodets mesure le matériau existant et le compare avec les prescriptions théoriques qu'on retrouve dans les traités. Résultat : aucune des proportions indiquées dans la théorie n'est respectée dans la pratique, l'écart n'étant imputable ni aux imperfections matérielles, ni aux irrégularités du terrain, ni à des interprétations éventuellement erronées au moment de l'exécution. Si l'embarras est palpable, « l'Académie prend un malin plaisir à signaler

72 Perrault 1688-1697, t. 1, p. 3.
73 *Ibid.*, p. 136.
74 *Ibid.*, p. 136-137.
75 *Ibid.*, p. 138.
76 Desgodets 1682 ; voir Herrmann 1958.

les inexactitudes, les omissions que le parallèle avec Desgodets fait apparaître dans Palladio». On ne doit en effet pas oublier que « pour l'architecture [...] la querelle des Anciens et des Modernes, c'est un peu, c'est beaucoup la querelle des Français et des Italiens[77] », où l'on trouve Ouvrard toujours du mauvais côté. Le Louvre est là pour le démontrer : avant d'être grecque, l'antiquité est italienne, et c'est de ce joug qu'il faut se libérer. On revient alors à la case départ. Le cercle semble se renfermer, mais ce n'est qu'une illusion.

CONTEXTE

Où Colbert, à défaut d'un souverain occupé par d'autres songes, puise-t-il l'énergie nécessaire à faire avancer un chantier apparemment bloqué comme celui du Louvre ? D'une conviction, étrangement négligée par les historiens qui ont souvent privilégié la perspective littéraire, parce que persuadés par Marc Fumaroli et par la tradition à laquelle il se rattache, que « la hiérarchie des urgences et l'intérêt politique immédiat plaçaient les Belles-Lettres avant les Beaux-Arts [...] la percée française vers l'hégémonie avait pour instrument privilégié la plume plutôt que le pinceau, pour porte-voix l'éloquence des écrivains plutôt que celle des peintres[78] » :

> Votre Majesté sait qu'au défaut des actions éclatantes de la guerre rien ne marque davantage la grandeur et l'esprit de Prince que les bâtiments et toute la postérité les mesures à l'aune de ces superbes maisons qu'ils ont élevées pendant leur vie[79].

Par ces mots un des protagonistes de l'époque nous rappelle que, sous le règne de Louis XIV, avant d'être chantée ou historiée, la gloire d'un monarque est érigée en colonnes de marbre et pierre. Colbert a une conscience précise de la valeur *politique* du Louvre, de même qu'Ouvrard, Perrault, et tous ceux qui les entouraient. C'est ici que, pour utiliser les catégories interprétatives établies par Fumaroli[80], en moins d'une décennie – entre 1664 et 1671 – s'achève le passage entre la fonction « transpositive » et la fonction « créatrice » des architectes français. En

77 Pérouse de Montclos 1989, p. 242-243 ; mais on consultera également à ce sujet Lemerle 2000.

78 Fumaroli 1994, p. 385 ; voir aussi Fumaroli 1980.

79 *Lettre à Louis XIV, 28 septembre 1663*, *cf.* : Pérouse de Montclos 1989, p. 250 ; et pour le texte dans son intégralité, l'édition critique de Fréart de Chantelou 1885, établie par Milovan Stanic en 2005, p. 347-348.

80 Fumaroli 1994, p. 385.

ce lieu on se libère du complexe envers les artistes italiens et on crée la nouvelle langue nationale : le classicisme français.

C'est Jean-Marie Pérouse de Montclos qui le premier a adopté la définition de « chantier politique ». Il s'agit du propos d'un historien de l'art et de l'architecture ayant analysé la relation problématique qui s'instaure entre le Louvre et Versailles non pas comme lieux dépositaires des deux différentes conceptions artistiques, mais comme émanation unitaire d'un classicisme en tant que politique d'État[81]. Toutefois, cette définition demande à être nuancée. Le Louvre est un chantier politique non parce qu'il serait l'expression d'une pensée esthétique opposée à une autre qui lui serait antithétique, et qui ensuite a donné forme à un autre objet artistique, un autre bâtiment représentatif, Versailles. Le Louvre est un chantier politique en tant que lieu d'affrontement des deux conceptions distinctes de l'architecture qui exactement en ce lieu-là, en ce moment-là, en discutant du même problème (la façade est), se confrontèrent et s'opposèrent. D'une part, un modèle culturellement hégémonique – le modèle italien incarné par son plus haut représentant, universellement reconnu à l'époque : Bernin ; de l'autre, l'aspiration à une autonomie artistique et culturelle expressive, et cependant obligée de poursuivre et reproduire à une autre échelle la suprématie militaire et politique déjà atteinte. De plus, parvenir à un tel but est le fait non pas d'un auteur emblématique ou de la continuité d'une tradition qui n'existe pas, mais plutôt, puisqu'il s'agit de restituer l'âme de la nation, d'une action collective et anonyme. Le Louvre sera donc le lieu où se résoudra cette contradiction, puisque c'est dans l'esprit de celui qui le voulut, à défaut de désirer l'habiter, qu'il assume cette fonction culturelle et politique précise. La voie poursuivie par Colbert est double : pratique – les projets discutés, refusés et continuellement réélaborés – et théorique – la création d'un *corpus* doctrinaire[82]. C'est dans ce contexte que s'intègre le débat sur le statut ontologique des lois de proportion. Dans le processus de fondation théorique du langage artistique national, le principe analogique qui porte et fonde l'unité du système des arts est le premier paramètre à faire l'objet d'une discussion. Le refus, ou au contraire la reconnaissance, de la valeur universelle des lois de proportion

81 Pérouse de Montclos 1989, p. 250 : « On peut dire aussi bien que ces deux chantiers sont classiques, si l'on admet que le classicisme est une politique d'État, une sorte de mercantilisme appliqué aux arts : organiser, rationaliser la production, renverser les courants d'échanges internationaux jusqu'alors défavorables, tels en sont les objectifs ».

82 *Cf.* Lemerle 2010.

devient ainsi la porte étroite qui détermine la distinction entre deux catégories épistémologiques : celles des Anciens et des Modernes. On a déjà observé ce paramètre à l'œuvre dans la dispute entre Ouvrard et Perrault.

Chez le premier, l'idée qui préside au traité est le rétablissement d'une ancienne doctrine dont les fondements reposeraient sur un classicisme pré-grec et pré-romain. La finalité qu'il poursuit, c'est de ramener à l'ordre un langage architectural que le maître de musique de la Sainte-Chapelle estime corrompu dans sa prétention à se constituer comme langage autonome, indépendant et national. Le paradigme d'Ouvrard réside dans un plan intelligible : son classicisme est d'origine divine, son code, mathématique-musical. C'est le Temple de Salomon qui en fixe les principes normatifs, puisque c'est Dieu lui-même qui en a dicté les dimensions : entre ses mains se forge la doctrine pythagoricienne-platonicienne des nombres sonores, dans un mélange de classicisme vitruvien et biblique que seuls par la suite Grecs et Romains conserveront soigneusement[83]. S'affranchir de cet archétype architectural signifie dégénérer : la maison ne peut s'ériger qu'en suivant les préceptes établis par le canon, et la création ne se réalise que dans l'application de la règle. Perrault poursuit lui aussi le même objectif (l'indépendance de la pensée artistique nationale), mais pour l'atteindre il ne renonce pas au plus classique des gestes d'Œdipe : tuer le père. Peu importe si, dans les faits – dans les réalisations concrètes – Perrault se révèle comme le plus classique des classiques. La subversion est dans sa pensée. Et elle se réalise dans le déni du postulat théorique de l'unité des arts, ce qui signifie désavouer et rejeter la matrice musicale, et donc universelle, du statut des proportions, et le remplacer par l'accoutumance et la fantaisie. L'intention reste cependant toujours la même : créer une langue nationale.

Or, on ne trouvera que deux spécialistes qui aient utilisé le terme de *querelle* ou les catégories épistémologiques que sous-entend ce mot pour définir les polémiques françaises du dernier quart du XVIIe siècle concernant le statut des proportions en architecture : Maria Luisa Scalvini, qui a reconnu les germes d'un discours qui dépasse l'horizon architectural, et Frédérique Lemerle, qui a identifié le traité qui porte ces graines en

83 Ouvrard 1679, p. 2-3 : « Les Anciens la possedoient & ne travailloient que sur ses Principes, comme je le fais voir par les mesures du Temple de Salomon, qui est le seul Édifice de l'Antiquité dont nous ayons l'entiere description. Les Grecs l'ont cultivèe : Les Romains l'ont cherchée : Les Modernes en parlent sans la mettre en pratique » ; pour l'appropriation par Ouvrard du modèle du Temple de Salomon, voir *infra*, § *Modèles*, p. 43-53.

gestation[84]. Mais la proposition n'a pas suscité l'émoi espéré puisque, de fait, on continue à réserver cette définition au débat culturel surgi au sein de la *République des Lettres* dans la dernière décennie du *Seicento*, et on l'élargit au domaine des arts en s'autorisant du parallèle littéraire. Il suffit de prendre deux textes fondateurs mais aux antipodes l'un de l'autre pour ce qui est des méthodes, des traditions, des écoles, et l'on s'apercevra que non seulement la démarche est inchangée, mais que le déni a encore progressé. Si en 1914 Hubert Gillot reconnaissait, dans sa *Querelle des Anciens et des Modernes en France*, une *querelle* en architecture, bien que réduite au plus petit dénominateur de ses protagonistes – Blondel et Perrault[85], dans *La Querelle des Anciens et des Modernes* publié près d'un siècle plus tard sous l'autorité (on lit en couverture « précédé d'un essai ») de Marc Fumaroli, la « Chronologie » finale qui détaille les « Publications et événements liés à la Querelle des Anciens et des Modernes » ne fait mention d'aucun des ouvrages évoqués ci-dessus : Claude Perrault n'est cité que pour *De la musique des Anciens*, mais du *Vitruve*, de l'*Ordonnance*, du *Cours d'architecture* ou de l'*Architecture harmonique* on ne verra pas trace[86].

Pour tous, la naissance de la *Querelle des Anciens et des Modernes* date du 27 janvier 1687, quand devant l'Académie française réunie en session plénière pour fêter la guérison de Louis XIV, convalescent après une opération de la fistule, Charles Perrault lit, ou plutôt fait lire par l'abbé de Lavau son poème *Le siècle de Louis le Grand* : « La belle Antiquité fut toujours vénérable / Mais je ne crus jamais qu'elle fût adorable [...] ». Fumaroli en retrace ailleurs les premiers cris :

> Il ne suffit pas de dire, comme on l'a souvent fait, que la Querelle française a eu des « origines » et des « antécédents » en Italie [...]. Ce que Perrault, d'un mot très heureusement choisi, va appeler « parallèles » entre Anciens et Modernes était une figure de pensée constitutive de la République européenne des Lettres depuis les origines de la Renaissance. L'exercice de cette figure de pensée (la « syncrisis » des rhéteurs grecs) était redevenu familier depuis Pétrarque à l'humanisme néo-latin et vulgaire d'Italie. Entre Montaigne et Descartes, il faut faire un détour par la République italienne des Lettres[87].

84 Voir Scalvini 1994 (essai repris sous une forme plus synthétique comme *Postface* à Scalvini, Villari 1994, p. 53-65) ; Lemerle 1997 et Lemerle 1999.

85 Gillot 1914, p. 471-477.

86 Armogathe, Fumaroli, Lecoq 2001 (l'essai de Fumaroli, « Les abeilles et les araignées », p. 8-218 est suivi par la « Postface. Une Ancienne Querelle » d'Armogathe, p. 801-849, et la « Chronologie » établie par Lecoq, p. 853-867).

87 *Ibid.*, Fumaroli, « Les abeilles et les araignées », p. 23-24.

La référence est, bien évidement, le *Parallèle des Anciens et des Modernes* écrit par Charles Perrault et publié en quatre volumes entre 1688 et 1697[88], que Fumaroli rapproche des *Dialogues des morts* de Fontenelle et Fénelon et dont il fait remonter les origines au *De politia literaria* de Decembrio de 1540. En réalité, ce n'est pas à Perrault que revient la paternité « d'un mot très heureusement choisi » – *parallèle* – pour définir la relation qui s'instaure entre Anciens et Modernes, et ce n'est pas au domaine littéraire français que ce terme appartient. C'est dans le *Parallèle de l'architecture antique avec la moderne*, rédigé par Roland Fréart de Chambray en 1640 mais publié à Paris une décennie plus tard, qu'apparaît, comme l'a signalé Frédérique Lemerle, l'utilisation du terme « parallèle » pour indiquer le rapport entre Anciens et Modernes[89]. Le caractère anticipateur du traité se dévoile dans tous les arguments abordés, tant d'un point de vue général (culte des anciens, décadence des modernes, critique de la politique culturelle adoptée par le souverain ou ses délégués), que particulier, c'est-à-dire architectural : fondement mathématique du statut des proportions, condamnation du goût individuel, recherche d'une règle à partir de la théorie des ordres. Un autre « parallèle » s'impose d'ailleurs avec le traité d'Ouvrard sur l'application des proportions musicales à l'architecture : en Fréart, Ouvrard trouve un modèle légitime. Aussi bien le *Parallèle de l'architecture antique avec la moderne* que l'*Architecture harmonique* poursuivent les mêmes thématiques et la même finalité : dans un jeu de renvois mutuels, tous deux postulent la restitution d'une ancienne doctrine en partant de la critique d'une recherche des nouveautés par les architectes modernes[90]. Fréart met en garde contre le risque de choisir la fantaisie et la nouveauté comme principe de composition[91] ; Ouvrard, trente ans après, identifiera avec plus de clarté les dangers de la dérive auquel il est en train d'assister :

> Je dis par hazard, car nous sçavons que la plûpart des Architectes ne se determinent à telle ou telle hauteur ou largeur que parce-qu'ils ont pris leur

---

88 Perrault 1688-1697.

89 Fréart de Chambray 1650, voir Lemerle 1997, Lemerle 1999, et sa *Préface* à l'édition moderne publiée en 2005, p. 21-40.

90 Fréart de Chambray 1650, p. 1 : « Ce n'est pas de ma pensée d'aller à la nouveauté ; au contraire je voudrais s'il était possible remonter jusqu'à la source des ordres et y puiser les images et les idées toutes pures de ces admirables maîtres ».

91 *Ibid.*, p. 3 : « Ils veulent tout composer à leur fantaisie, et pensent que l'imitation est un travail d'apprenti, que pour être maîtres il faut nécessairement produire quelque nouveauté. Pauvre gens qu'ils sont, de croire qu'en fantastiquant une espèce de corniche particulière, ou telle autre chose, ils aient faire un ordre nouveau, et qu'en cela seulement consiste ce qu'on appelle inventer ».

> modele sur d'autres Bastimens qu'ils ont crû bien réguliers ; ou parce que l'espace du lieu les y a déterminez, ou mesme la fantaisie[92].

Ouvrard, contrairement à Fréart, avait lu Claude Perrault. Même l'intention politique (le *Parallèle de l'architecture* donne lieu à un acte d'accusation contre Mazarin, coupable d'avoir privilégié les artistes italiens au détriment des Français, et négligé les soins qu'exige la conduite d'une royaume au bénéfice de l'autosatisfaction de sa collection personnelle), prend une tournure problématique qui deviendra centrale aussi bien dans l'élaboration de l'*Architecture harmonique* que dans l'affaire du Louvre : la constitution d'un langage national comme affirmation de l'identité française (et c'est encore une fois Ouvrard qui sera le premier, dans un jeu de miroirs et d'écho, à souligner cet aspect, par la critique qu'il fait dans son introduction du concours pour la création d'un ordre architectural français)[93]. Si le maître de musique utilise comme mesure idéale le canon du Temple de Salomon, Fréart en fait autant en se référant à l'ordre institué à l'intérieur de l'édifice comme « la fleur de l'Architecture, & l'ordre des ordres[94] ». [Figure 2] Dans le *Parallèle de l'architecture* on retrouve donc tous les éléments que le débat autour du Louvre rendra visibles et sensibles, et dont l'élaboration théorique et critique amorcera ce qu'on pourrait à juste titre appeler la « Querelle des Proportions en Architecture ». Si le concours du Louvre de 1664 et l'« appel aux Italiens » en marquent le début, la fondation de l'Académie d'Architecture et le concours de 1671 pour la conception d'un ordre national en désignent deux moments différents : d'un coté l'élaboration d'une grammaire, ses règles et ses principes ; de l'autre l'application de cette grammaire à un objet concret. Les *Dix livres d'architecture de Vitruve*, publiés sous l'égide de Colbert, représentent la problématisation théorique des questions techniques et esthétiques surgies du chantier, et donnent aussi le « la » à une production éditoriale qui avec un rythme presque annuel renoue et renouvelle les termes du débat.

D'abord, comme on l'a déjà rappelé, cette même année 1673 voit la parution, par les soins de Blondel, d'une nouvelle édition de *L'architecture françoise* de Savot, charte pour un langage en construction[95]. Un an plus

92 Ouvrard 1679, p. 13-14.

93 Voir *supra*, § *Genèse*.

94 Fréart de Chambray 1650, p. 71 : « En un mot, puis qu'il faisoit la decoration de ce fameux temple de Ierusalem, qui n'a jamais eu d'égal, on peut l'appeller avec raison la fleur de l'Architecture, & l'ordre des ordres ».

95 Voir *supra*, n. 56.

tard, pour éloigner tout équivoque possible, Perrault publie l'*Abrégé des dix livres* dans lequel il expurge le texte même de Vitruve qu'il remplace par ses commentaires. L'année suivante, 1675, Blondel réplique avec le premier volume du *Cours d'architecture*, fruit des leçons hebdomadaires données à l'Académie d'Architecture en qualité de directeur. Puis en 1676 André Félibien, secrétaire de la même Académie (et qui avait déjà assumé la fonction d'Historiographe des bâtiments du Roi), fait imprimer *Des principes de l'architecture, de la sculpture, de la peinture et des autres arts qui dépendent, avec un Dictionnaire des termes propres à chacun de ces arts*, un ouvrage qui représente le premier dictionnaire d'architecture écrit en français[96]. En 1677 commencent à circuler les relevés faits par Antoine Desgodets sur les monuments anciens de Rome. Deux ans après, c'est le tour de l'*Architecture harmonique*, où Ouvrard réitère la nécessité de fonder le statut des proportions architecturales sur l'ancienne doctrine de la divine mathématique musicale. En 1682 le travail de Desgodets voit finalement le jour sous le titre *Les édifices antiques de Rome dessinés et mesurés exactement*. Perrault considèrera ce livre comme l'équivalent d'une des expériences scientifiques qu'il est en train de mener au sein de l'Académie des Sciences : la confirmation empirique de ses déductions théoriques[97]. Une fois donc démontrées sur le papier, les anticipations contenues dans le commentaire à la traduction de Vitruve trouvent leur systématisation théorique l'année suivante dans l'*Ordonnance des cinq espèces des colonnes selon la méthode des Anciens*, qui ne sauve que très peu, sinon rien, de la doctrine des Anciens[98]. La réponse institutionnelle ne tarde pas, et en cette même année 1683, Blondel publie le cinquième et dernier tome de son *Cours d'architecture*, qui accueille dans ses pages, en leur donnant *imprimatur* académique, aussi bien la thèse d'Ouvrard que celle de François Bernin de Saint-Hilarion, autre savant méconnu, auteur d'un traité sur les proportions architecturales resté manuscrit et

96 Félibien 1676 ; *cf.* Germer 1997, Germer 1997, ainsi que Germann 1997 (maintenant dans Germann 2009, p. 43-56).

97 Perrault 1683, p. XXVIJ : « Or bien que ce que je rapporte de l'Antiquité soit une chose plus difficile à verifier que ce que j'ay pris dans les Modernes, le Livre que Mr. Desgodets a depuis peu fait imprimer des Anciens édifices de Rome, donnera une grande facilité aux Lecteurs qui seront curieux de s'instruire de ces choses, de mesme qu'il m'a servi pour sçavoir au juste les differentes proportions qui ont esté prises par cet Architecte, avec une très grande exactitude ».

98 *Ibid.*, p. XIV : « Il n'y a point, à proprement parler, dans l'Architecture, de proportions veritables en elles-mesmes ; il reste à examiner si l'on peut établir de probables, & de vraysemblables fondées sur des raisons positives, sans s'éloigner beaucoup des proportions reçues et usitées ».

encore aujourd'hui injustement négligé[99]. Toutefois l'opération, au lieu de renforcer les bastions de l'orthodoxie, en révèle la faiblesse intrinsèque. Blondel semble en effet réfractaire à l'un comme à l'autre : il juge la doctrine des proportions harmoniques remarquable mais non absolue, et il ne fait que « présumer » que la proposition de Saint-Hilarion pourrait avoir quelques fondements de vérité dans la nature[100]. Un an s'écoule à peine avant que la seconde édition n'apparaisse – « reveue, corrigèe et augmentée » – des *Dix livres d'architecture* traduits par Perrault. C'est alors qu'un an plus tard Blondel édite, pour la deuxième fois en douze ans, « augmentée [...] de plusieurs figures et des notes », *L'architecture françoise* de Savot[101]. L'année suivante ne voit rien paraître, mais c'est le calme qui annonce la tempête : en 1687 Charles Perrault, qui avait déjà eu un rôle

---

99 Bernin de Saint-Hilarion, François, *Des proportions d'architecture*, Munich, Bayerische Staatsbibliothek, Cod. icon. 193 ; ce personnage, longtemps connu par son seul patronyme, présente un profil encore plus modeste que celui d'Ouvrard ; les deux hommes se connaissaient : Ouvrard en parle dans une des ses lettres, Nicaise, *Correspondance*, *À Tours, le 6 novembre 1690*, f. 11r : « Nous avons icy un homme incomparable pour l'Architecture qui en a fait un grande Ouvrage selon les regles des proportions harmoniques qu'il a fait voir à vos Illustres, il est connu de M^r^. Felibien, de M^r^. De Vauban comme il estoit de M^r^. Blondel. Il s'appelle M^r^. L'Abbé de S^t^. Hilarion, & son Ouvrage est en etat d'etre imprimé, mais il faut faire des grands frais pour le grand nombre de figures qu'il a dessinnées luy même » ; il cherche maladroitement à le rallier à sa cause, mais les proportions géométriques de l'un ne sont pas les harmoniques de l'autre, et Saint-Hilarion est explicite à cet égard : « S'Il est vray que les Proportions Harmoniques sont capables d'accorder les Sons, et que leur accord produise des effets agréables aux Oreilles comme nous l'expérimantons, il paroist vraisemblable que les Proportions Géométriques doivent aussi avoir la force d'accorder les dimensions, et que c'est principalement de cette Accord que les yeux sont touchez si agréablement à la Vuë des beaux Ouvrages de la Nature ou de l'Art », c'est écrit dès la première ligne du premier feuillets, ainsi que plus loin, f. 3v : « [...] puisque les proportions Géométriques ne conviennent point à la Musique : aussi les musicales ne conviennent point à L'Architecture, les unes étant l'Objet des yeux par les diverses dimensions, et les autres étant l'Objet de l'Ouyë par les differens sons ; ce qui semble n'avoir rien du tout de commun, tout de mesme que ce qui touche le Goust ou L'Odorat ne touche pas pour cela la Vuë ou l'Ouyë » ; voir, pour cet auteur encore ignoré des historiens : Cetto 1924 et Scalvini, Villari 1994.

100 Blondel 1683, p. 758 : « [à propos d'Ouvrard] si cette doctrine n'est pas capable, comme il dit, de rétablir entierement la bonne Architeture, & d'y former des regles invariables, elle peut au moins contribuer beaucoup à en redresser les Pratiques, & à donner des ouvertures aux Architectes [...]. D'autant plus que j'ay remarqué qu'outre ces proportions Harmoniques, il y en a quantité d'autres qui font un tres-bon effet en Architecture, comme a fort bien remarqué Leon-Baptiste Albert » ; Chap. XIII. *Application de la proportion Geometrique aux parties de l'Architecture, par M. l'Abbé de S. Hilarion*, p. 761 : « Ce que j'ay vû de cet Ouvrage m'a paru tres-considerable. Le bel effet que les desseins qu'il y a tracez font à la veüe, me fait presumer que les regles sur lesquelles il les a construites ne sont pas sans fondement de vérité dans la nature, quoiqu'il y ait des personnes qui en ont fait un tout autre jugement » ; pour l'attitude général de Blondel, *cf.* Brault 2006.

101 Savot-Blondel 1685.

de premier plan non seulement en orchestrant la chute de Bernin dans l'« affaire du Louvre », mais aussi dans la *Querelle des Inscriptions* (en tant que secrétaire de la Petite Académie préposée au tri des inscriptions et des devises royales sur les médaillons commémoratifs)[102], donne le coup d'envoi à la *Querelle des Anciens et des Modernes.* Cette même année, Félibien se manifeste à nouveau avec le *Recueil historique de la vie et des ouvrages des plus célèbres architectes*, tout en travaillant à un *Mémoire pour servir à l'histoire des maisons royales et bâtiments de France*, qui ne sera publié que deux siècles plus tard, en 1874[103]. La chronologie, qui s'enracine dans le *Parallèle de l'architecture antique avec la moderne*, s'arrête symboliquement l'année suivante, en 1688, à la publication du premier tome du *Parallèle des Anciens et des Modernes.* Heureuse coïncidence, cet ouvrage s'ouvre sur l'agréable promenade des protagonistes-antagonistes dans les jardins de Versailles devisant paisiblement d'architecture, une démonstration de plus d'un « parallèle » déjà mise à jour. Le calendrier ainsi restitué met en évidence à quel point la vivacité et la richesse des publications couvrent tous les aspects du débat sur l'architecture, et en dévoile aussi l'aspect avant-coureur par rapport aux catégories épistémologiques et aux enjeux de la *Querelle des Anciens et des Modernes*, d'un point de vue à la fois théorique et pratique. À preuve, la discussion sur le fondement mathématique du statut des proportions, ou bien sur les règles et principes de la grammaire qu'on est en train d'édifier ; la création d'un dictionnaire lexicographique, c'est-à-dire l'explicitation et la définition de la terminologie dont la nouvelle langue doit user ; le catalogue des bâtiments nationaux et l'hommage rendu à ses promoteurs, autrement dit le recueil des modèles historiques qui ont contribué à forger l'identité de l'architecture française (au détriment des références italiennes) ; et enfin les normes juridiques destinées à contrôler et superviser l'application correcte de la doctrine établie par l'institution. Il ne s'agit donc pas d'une simple anticipation, mais plutôt d'un processus préfigurant la si fameuse *Querelle des Anciens et Modernes*, dont la « Querelle des Proportions en Architecture » endossa contenus et vie organique, en épuisant sa force propulsive lorsque l'autre allait pousser ses premiers mots.

Que ce soit clair : l'initiative de conférer le statut de « Querelle » à la chronologie qui vient d'être exposée va au-delà d'une simple appellation ou d'une prétention historiographique, sorte de revanche critique posthume par rapport à la *Querelle des Anciens et des Modernes* (dénomination

102 Voir Fumaroli 1990-1991, p. 509-511.
103 Félibien 1687 et Félibien 1874.

plus tardive, et du reste plus globale). Une telle proposition dépasse, me semble-t-il, l'intérêt historique qu'elle peut tout de même susciter, pour poser des questions de fond, plus précisément de méthode, difficilement négligeables. La méconnaissance des événements ici rassemblés est préjudiciable non seulement à la valeur légitime des faits artistiques en tant que tels (et à la place qu'ils occupent dans le patrimoine commun des connaissances), mais nuit surtout à la réelle perception et réception de ces mêmes événements dans les consciences de l'époque. En sous-évaluer l'importance signifie s'empêcher une plus ample et pleine compréhension des dynamiques culturelles, politiques et sociales à l'œuvre à un certain moment de l'histoire. Il ne s'agit pas, comme d'ailleurs d'autres spécialistes l'ont déjà remarqué dans des espaces voisins, de se disputer sur un nom, une appellation, « mais de comprendre, si cela intéresse, une formation culturelle[104] ». De connaître, dans toute sa complexe et hétérogène multiformité, notre « héritage culturel[105] ».

MODÈLES

Fréart et le Temple de Salomon ne sont pas les seuls référents d'Ouvrard pour l'élaboration de sa pensée architecturale. Dès le début, il nomme naturellement Vitruve, et il ne pouvait en être autrement dans un traité qui prétend l'actualiser ; il renvoie au premier livre, chapitre second, du *De architectura*, où il est question du statut de l'architecte, et au premier chapitre du troisième livre, concernant les proportions des temples accordées à la « fabrique du Corps humain ». Les bases sont ainsi posées : l'homme, image de Dieu, tel qu'il a été décrit par le fondateur de la discipline, l'architecte romain, et après lui, discernable en filigrane, son rénovateur, celui qui lui a donné de nouvelles assises, Alberti. Présences habituelles, auxquelles il fait appel pour établir d'emblée l'analogie entre musique et architecture :

> Nous prétendons [...] qu'il y a une telle analogie entre les Proportions de la Musique et celles de l'Architecture, que ce qui choque l'oreille en celle-là, blesse la veuë en celle-cy, et qu'un Bâtiment ne peut être parfait s'il n'est dans les mêmes Regles que celle de la Composition ou mêlange des accords de la musique[106].

104 *Cf.* Serravezza 2000, p. 140 (TdA), ainsi que la proposition de refondation épistémologique de l'esthétique musicale élaborée par l'auteur dans Gozza, Serravezza 2004, où la *Querelle des Proportions* figure à l'intérieur d'un contexte polémique différent concernant les proportions musicales, témoignage ultérieur de la perméabilité d'un tel débat à tous les domaines du savoir.

105 On se réfère ici à la notion de « *cultural heritage* » élaborée par Gallo 2001.

106 Ouvrard 1679, p. 5-6.

La citation voile à peine son origine : les mots ne sont pas sans évoquer ceux du maître florentin qu'on a rappelés ci-dessus[107]. Si l'on devait en douter, qu'on lise la paraphrase que Blondel fait d'Ouvrard :

> Les mêmes nombres qui font que les voix differentes frappent agreablement nos oreilles dans un Concert, sont les mêmes qui font que les objets remplissent nos yeux ou plûtost nostre ame d'un plaisir merveilleux[108].

Il s'agit là d'une traduction presque littérale non pas de l'*Architecture harmonique* mais du *De re ædificatoria*, même si c'est à Ouvrard que le passage se réfère. Ce dernier passe ensuite à l'explication des fondements mathématiques capables de justifier un tel propos, et pour lesquels « il faut supposer icy la Doctrine des Proportions, établie dans le Livre intitulé l'"Art et la Science du Nombre", principalement dans le sixième Livre de l'"Arithmétique Harmonique" ». Le maître de musique se cite sans nommer sa source, mais encore une fois l'attribution est tellement évidente qu'elle n'a pas besoin d'être explicitée : Gioseffo Zarlino et ses *Istitutioni harmoniche* du siècle précèdent, phare du parcours intellectuel tout entier d'Ouvrard (sa *Musique rétablie* lui en est redevable), qui le premier a postulé que « toutes les Harmonies ou Consonances possibles sont renfermées dans les six premiers nombres, pris selon leur valeur de proportion[109] ». Il s'agit de la mise à jour, déjà efficiente dans la pratique musicale mais tacite dans la spéculation architecturale, de la *tetraktys* pythagoricienne : les quatre premiers nombres sont en effet dans l'impossibilité de donner la *ratio* des nouvelles harmonies désormais acquises à la composition. Zarlino réussit par une sorte d'escamotage à les intégrer grâce à un réseau proportionnel constitué de six nombres (en réalité huit, signe prémonitoire d'un système théorique à la cohérence fragile, comme le soulignera Vincenzo Galilei)[110]. Octave, quinte et quarte (1:2, 2:3, 3:4) en constituent le socle, complété par les rapports 4:5 (tierce majeure), 5:6 (tierce mineure), 3:5 (sixte majeure), 5:8

107 Voir *supra*, n. 12.

108 Blondel 1683, p. 758.

109 Ouvrard 1679, p. 6 ; Zarlino 1558, p. 28-34.

110 Vincenzo Galilei, élève bien-aimé de Zarlino, mais partisan d'un empirisme qu'il transmettra à son fils Galileo, mettra en lumière à plusieurs reprises les contradictions internes au *senario* : s'ensuivra une âpre dispute qui ne terminera qu'avec la mort des protagonistes ; pour les différentes positions des deux et l'illustration du contexte général, voir : Cohen 1984, Gozza 1989 et Gozza 2000. Pour sa part, Ouvrard n'aura de cesse de chercher un compris : la quasi intégralité du deuxième tome de sa *Musique rétablie*, ms. 821, ff. 144v-244v, n'est que la tentative extrême de concilier les deux positions ; *cf.* à ce propos Zara 2008b.

(sixte mineure). Appliquée à l'architecture, l'opération n'est pas sans conséquence. Élargir le spectre des consonances signifie automatiquement que des relations qui n'étaient pas considérés comme consonantes le deviennent soudainement. Cela revient à retrouver à l'intérieur du *De architectura*, le texte fondateur, plus de rapports harmoniques que ceux auxquels on peut raisonnablement s'attendre. Mieux : que « toutes les Proportions qu'il a prescrites, sont toutes Harmoniques, quoy qu'il ne leur ait donné ce nom, ou que peut-estre il n'en sçeust pas la qualité[111] ». Tel est le but d'Ouvrard : démontrer que toutes les données établies par Vitruve, qu'il en soit conscient ou non, répondent au même critère naturel qu'on retrouve dans tous les arts, et particulièrement dans la musique, dont même Perrault reconnaît que la beauté est due à « une proportion certaine et immuable, qui ne dépend de la fantaisie[112] ». Voilà le sens des ajouts des *exempla* vitruviens à la fin de l'*Architecture harmonique*. C'est un pas que n'avait pas su accomplir le jésuite Juan Bautista Villalpando, qui dans son commentaire de la vision d'Ézéchiel avait réuni, en un seul édifice, le Temple bâti par l'architecte Hiram par ordre de Salomon et celui reconstruit dans la Jérusalem céleste, ancrant toute sa complexe et spectaculaire structure dans une mathématique musicale extrêmement rigide (impliquant jusqu'aux plus infimes détails de triglyphes et métopes), tout en offrant à Ouvrard le modèle dont il avait besoin[113]. [Figure 3] Il en envisage la possibilité (Juan de Herrera, son maître, l'avait introduit à la science de Zarlino), mais les mots restent entre les lignes, ils ne se révèlent pas. Il n'avait pas encore à sa disposition la version de Perrault, austère et dépouillée, du Temple de

111 Ouvrard 1679, p. 16.

112 Perrault 1673, p. 102, n. 2 – voir *supra*, n. 67.

113 Prado-Villalpando 1595-1604, t. 2, *pars* II, l. V, *Disp.* IV, chap. 60, p. 551 : « *Ex quo etiam colligi poterit assidua huius ædificij consideratione multo magis, ac melius posse quemlibet Architectonicæ præcepta perdiscere, quam si omnia antiquorum ædificia percaleat, atque etiam auctorum libros pervolvat. Cum sacrum hoc ædificium, ut alias sæpe dictum est, sit omnium aliorum origo, & fons omnium præceptorum, quæ sparsim in ijs voluminibus continentur* » ; voir Ramírez 1991, Pérez-Gómez 1999, et plus récemment, pour une autre appréciation critique de ses retombées musicale : Sanchez de Enciso 2008, et la thèse de doctorat, à ce jour inédite Sanchez de Enciso 2011. Ces études, qui apportent des précisions remarquables sur l'utilisation implicite par Villalpando du *senario* zarlinien, n'étaient pas encore disponibles quand je rédigeais l'article Zara 2010b, d'où je tire cette présentation : n'ayant pu intégrer les corrections nécessaires, je les apportes ici. Quant à Fichet 1979, son hypothèse d'un renvoi à l'*Architectura sacra* de Nikolaus Goldmann, n'est plus soutenable : bien que rédigé avant 1665 (date de la mort de l'auteur), le traité ne fut édité par Christian Lund à l'intérieur du *Vollständige Anweisung zu der Civilbaukunst* qu'en 1698, excluant donc une connaissance directe de la part d'Ouvrard, à cette époque déjà décédé.

Salomon, ridiculisant par là même celle du jésuite et de tous ceux qui croyaient encore au « mystère des proportions[114] ». Mais une fois de plus, Ouvrard se distingue des ses prédécesseurs et modèles. Le Temple de Villalpando, dont le plan dessiné se raccorde aux figures d'un diagramme musical, est un miroir de perfection, comme il convient au *Deus mundi elegans architectus*. Le prototype d'Ouvrard est une énorme et puissante machine qui littéralement résonne des harmonies qui le forgent :

> De sorte que l'Autel, & le bassin estant d'arain, & ayant ces proportions pouvoient résonner harmoniquement. Et comme ces proportions étoient d'accord avec celle du Temple, & du Sanctuaire, & que Salomon étoit trop sçavant en Musique pour n'avoir pas mis les Trompettes des Prestres, & les divers Instrumens des Levites sur le même ton du Bastiment [...] non seulement on entendoit une harmonie parfaite par cette résonance, mais tout l'Edifice étoit ébranlé & faisoit un bourdonnement & frémissement agréable[115].

Si le modèle reste celui, classique, des vases résonateurs du théâtre vitruvien (dont Ouvrard réitère la filiation biblique initiée par Villalpando), sa description matérielle le rapproche des ingénieux instruments (les *phonurgici*) de Kircher, avec qui il partage la même foi en une résolution empirique et expérimentale des forces centrifuges qui sont en train de provoquer la dissolution du système fondé sur la validité ontologique du *numerus*[116]. La terminologie adoptée par le maître de chapelle est à ce propos révélatrice : un bâtiment auquel on applique correctement les bonnes proportions possède des « harmonies », désignées par des nombres « 2, 3, 4, 6, 8, 10, 12, 16, 24, 32, qui feroient en Musique ces accords, *Ut*, *Sol*, *Ut* ², *Sol* ², *Ut* ³, *Mi* ³, *Sol* ³, *Ut* ⁴, *Sol* ⁴, *Ut* ⁵ ». Mieux :

> Pour le fayre entendre à l'oüye, comme on les represente à la veuë, on pourroit creuser les bois des croisées en façon de tuyaux d'Orgue, & mettre aux extremitez des espèces de goutières ouvertes suivant ces proportions par un ordre renversé, en mettant l'Ut au 32 pieds, & les autres accord à proportion. Et comme cette Maison est exposée au grand air, on ne manqueroit pas d'entendre ces harmonies quand le vent souffleroit dans ces tuyaux, où estant receu dans un portevent semblable à celuy des Orgues, & porté aux bras ou maineaux des croisées[117].

La preuve ? Un pilier de l'arcade de la cathédrale Saint-Gatien de Tours, qui prend vie, et « tremble à veuë d'œil, & se remue dans l'espace de

114 Perrault 1683, p. XXVII. La reconstruction de Perrault est contenue dans Maimonides 1678 ; voir Herrmann 1967, Taylor 1991, et Vendrix 1992.

115 Ouvrard 1679, p. 13.

116 Voir *supra*, § *L'auteur*, p. 23-24.

117 Ouvrard 1679, p. 10.

plus de demy-pied, au son d'une certaine cloche, & demeure immobile au son de toute les autres, quoy que plus proches de luy, & plus grosses que celle qui le fait trembler[118] ». Et, circonstance remarquable, coupablement négligée par les historiens mais dont les répercussions perdurent aujourd'hui, c'est en absolu la première fois que les intervalles musicaux sont affectés non de l'appellation *diapason*, *diapente*, *diatesseron* (comme l'on fait tous ceux qui ont précédé Ouvrard, puisque il s'agit d'une unité de mesure universelle et virtuelle), mais sont plutôt définis par leur propre réalité sonore immanente et contingente. On ne se privera pas de transposer *Ré*, *Fa*, *La*, à un degré inférieur *Ut*, *Mi*, *Sol*, pour la bonne et simple raison que la triade majeure est plus agréable à l'oreille que la mineure. Mario Carpo, afin d'expliquer le passage des schémas géométriques à la notation numérique des proportions architecturales, ravive la théorie de Koyré sur le passage de l'univers de l'à-peu-près à celui de l'exactitude : catégorie aujourd'hui « *dismissed* » pour son « *clear-cut linear progression* », mais à laquelle il se pourrait que l'attitude d'Ouvrard, dans ses prémisses générales, fasse également écho[119].

D'autres textes font ensuite surface, dévoilés non pas par les mots mais par les souvenirs qu'ils évoquent. L'*imago templi*, au delà du renvoi immédiat (dans le cas spécifique, Villalpando), laisse transparaître une filiation qui esquisse pour nous, aujourd'hui, un parcours inattendu et alternatif, de nature spiritualiste, qui se distingue des interprétations déjà établies[120]. Le premier document écrit, de renommée notoire, qui atteste l'application de la doctrine des proportions de la musique à un édifice réel est la *Descritione (o Memoriale) per condur la fabrica della Chiesa… Sancti Francisci a Vinea Venetiarum* datée 1er avril 1535, mémoire manuscrit rédigé par le moine franciscain Francesco Zorzi dans le sillage de la *renovatio urbis* promue par le doge Andrea Gritti. On y voit converger, dans une sorte de *summa* harmonique : anthropomorphisme vitruvien (par l'intermédiaire de la lecture adamique offerte par Filarete et Francesco di Giorgio Martini), classicisme biblique, hermétisme, exégèse testamentaire (citations tirées des livres de la Genèse et de l'Exode

118 *Ibid.*, p. 13 ; *cf. La musique rétablie*, ms. 822, f. 120r : « Mais si les corps sont solides & massifs, comme sont les pierres, & que leur air interieur soit proportionné à celuy qui les viens heurter, alors ces corps s'ebranlent & sont dans le mouvement […]. Et c'est pour cette raison que le pilier de la derniere arcade proche du gros Clocher de l'Eglise de Tours, est ebranlé par le Son d'un des Cloches du petit Clocher, qui en est plus eloigné, & qu'il demeure immobile au Son des toutes les autres Cloches ».

119 Carpo 2003 ; la référence est à Koyré 1957.

120 J'expose ici la thèse avancée dans Zara 2010b, auquel je renvoie pour approfondissements ultérieurs.

accompagnant la Première Épître de saint Paul aux Corinthiens où il est question du Temple de Dieu « et ce Temple c'est vous »)[121], kabbale chrétienne (le Tabernacle de l'Arche de l'Alliance), néoplatonisme[122]. Certains de ces mêmes éléments, pas tous, ressurgissent trente-deux années plus tard sous la plume de Philibert De l'Orme, auteur du premier traité français d'architecture, qui dans sa préface annonce le contenu d'un deuxième tome qui ne vit jamais le jour :

> Nous parlerons des sainctes et divines proportions données de Dieu aux saincts peres du vieil testament : comme à son Patriarche Noé, pour fabriquer l'Arche contre le cataclysme et deluge : à Moyse, pour le Tabernacle de l'autel, des tables, des courtines, du parvis et autres : à Salomon, pour le Temple qu'il édifia en Ierusalem, & deux maisons qu'il feit, une pour luy, & l'autre pour sa femme, fille de Pharaon [...][123].

De l'Orme connaissait-il le programme de Zorzi ? Il n'y a qu'un seul trait d'union possible : Sebastiano Serlio, *præceptor Galliæ* selon la définition d'Yves Pauwels, qui avait lu et examiné le *Memoriale* du Vénitien (avec, entre autres, Fortunio Spira, Tiziano et Sansovino, réunis dans le sillage d'un évangélisme modéré selon certains, ou d'une fratrie érudite et professionnelle selon d'autres)[124], et que l'architecte français avait pu rencontrer à deux occasions. À Venise, puisque De l'Orme y a peut-être séjourné au moment de la remise en cause du chantier de San Francesco della Vigna (et la lecture serait alors directe) ; en France, où l'architecte bolonais réside à partir de 1541 (et la lecture serait alors indirecte). Si pour Anthony Blunt l'hypothèse est valable, pour Pérouse de Montclos elle est « aussi inutile que risquée, car le *De harmonia mundi totius* publiait les mêmes idées[125] ». En effet, il y a la place pour le doute, et non seulement en raison de ce deuxième texte du frère franciscain. Le rapprochement entre le mémoire vénitien et le traité français présente en ce point des divergences notables : non seulement les références bibliques et philosophiques ne coïncident pas (De l'Orme ne cite ni Platon ni saint Paul), mais l'évocation de la maison de Salomon et de sa femme

121 Paul, *Première Épitre aux Corinthiens*, III, 10-17.

122 Wittkower 1996, p. 171-173 offre une version partielle du texte ; pour son intégralité, et une étude spécifique du contexte culturel, voir : Foscari, Tafuri 1983.

123 De l'Orme 1567, f. 4r.

124 Pauwels 2002 ; quant à la question « spirituelle », objet aujourd'hui encore de controverse, *cf.* Tafuri 1985, et, d'avis opposé : Frommel 1998, Fontaine 2004.

125 Blunt 1958, Pérouse de Montclos 2001, p. 181 ; voir aussi, énième variation sur thème : Ceccarelli Pellegrino 2002, qui détaille les sources de De l'Orme, mais n'ajoute rien aux propos de Blunt et Pérouse de Montclos.

est inédite dans l'histoire de la théorie architecturale, et ne peut que trouver sa source dans les Saintes Écritures. D'ailleurs, on ne sait même pas si les « divines proportions » de De l'Orme concernaient aussi des résonances musicales : tout au long de son écrit, on ne trouvera trace ni du vocabulaire ni des nombres musicaux[126]. Quant à l'*opus magnum* de Zorzi, imprimé à Venise dix ans avant la rédaction du mémoire, il présente avec plus d'exhaustivité tous ces archétypes bibliques rassemblés ensuite dans le *Memoriale* pour servir de projet à l'édification de l'église : structure du cosmos et plan de l'ouvrage reposent solidement sur des fondements mirandoliens, ficiniens, néoplatoniciens, hermétiques, kabbalistes, où la *fabrica humana* d'origine vitruvienne concorde avec la *fabrica mundana* chrétienne grâce aux harmonies du concert céleste[127]. Coïncidence heureuse, la piste française nous révèle (et il suffit encore une fois de mettre en ordre la chronologie pour s'en rendre compte), la présence d'un autre texte qui naît dans les mêmes cloîtres conventuels vénitiens, porteur d'une même tradition et dont l'influence en France fut peut-être plus grande que celle exercée par Zorzi : l'*Hypnerotomachia Poliphili* du frère franciscain Francesco Colonna, devenu en français le *Discours du songe de Poliphile* (publié pour la première fois en 1546, un an seulement après la première impression parisienne de l'*Harmonia mundi totius*), par Jean Martin, également traducteur de Serlio, Vitruve et Alberti[128]. C'est dans ce rêve, ce *somnium* dont la valeur architecturale avait été immédiatement reconnue par les contemporains, que l'on trouve « *atque obiter plurima scitu sanequam digna commemorat* », bien avant les spéculations de Zorzi, non pas la comparaison, mais l'assimilation de la méthode de composition de l'architecte à celle du musicien :

> *Perche in alcuna parte avendo facto moto del fine debito allarchitectare, che e la præstamente inventione, di acquistare modulatamente dil ædificio il solido corpo. Poscia licentemente quello invento. Lo Architecto perminute divisione el reduce, Ne piu ne meno quale il Musico havendo invento la intonatione & il mensurato tempo in una maxima quello da poi proportionando in minute Chromatice concinnamente*

126 Pour la remise en cause du parallèle entre les textes de Zorzi et De l'Orme, *cf.* Zara 2015.

127 Georgi Veneti 1525 (la traduction française de Guy Le Fèvre de La Boderie paraîtra à Paris en 1579, mais l'œuvre, en latin, avait fait déjà l'objet de deux impressions successives en 1545 et 1546). Voir, pour les aspects musicaux Maillard 1972, Vasoli 1998, et plus généralement Campanini 2007.

128 Colonna 1499, Martin 1546 ; quant à l'hypothèse du Colonna « romain » formulée par Calvesi 1996, on s'accordera plutôt aux critiques exprimées en 1998 par Marco Ariani, « L'autore del "Polifilo" », dans l'introduction à l'édition critique de Colonna 1499, t. 2, p. LXIII-XC.

sopra il solido lui el riporta. Per tale similitudine dapo la inventione la principale régula peculiare al Architecto e la quadratura. Et questa distribuentila in parvissime, La harmonia se gli offerisce dil aedificio & commodulatione, Et al suo principale gli convenienti correlarii.

« Pour mener donc a fin mon entreprise, i'ay dict cy dessus que la principale partie de l'Architecte, est l'invention du corps massif de tout l'edifice : car il le peult apres facilement reduire en menues divisions, ne plus ne moins qu'un musicien aiant inventé le ton sur un temps, par une longue ou maxime, il le proportionne apres en minimes chromatiques, c'est a dire temporeles, qu'il rapporte sur la note ferme & massive. Ainsi en l'invention de l'Architecte, la regle principale & plus necessaire, c'est le quarré, auquel apres qu'il est distribué & departy en plusieurs autres petitz quarrez, se treuve l'accord & convenable proportion ou harmonie de tout l'edifice, telement que tous les accessoires reviennent & respondent a leur principal[129]. »

Plusieurs éléments retiennent ici l'attention. On y décèle le passage d'une pratique médiévale (la répétition d'une figure géométrique – *ad quadratum* ou *ad triangulum* – pour la définition d'un plan), à une conception mentale du travail de l'architecte (la grille préalable, le « tout » préexistant d'où on tire, par subdivision, les proportions de l'édifice)[130] ; on s'aperçoit aussi de la prise de conscience de l'émancipation du statut d'architecte, semblable non pas au *musicans*, l'instrumentiste, mais au *musico*, le théoricien. Mais surtout, c'est la première fois que les deux sont comparés non pas sur un plan idéal, mais pratique, créatif. Que Colonna était un lecteur attentif et diligent d'Alberti, cela *concinnamente* se démontre[131]. Mais la prose du Vénitien se distingue nettement de celle du Florentin, puisque c'est sur la *technè*, sur l'identité du processus de création qu'il fonde l'analogie entre architecture et musique. Et il n'est pas anodin, à mon avis, que l'édition française du XVIe siècle présente une table qui n'apparaît pas dans l'édition aldine originelle de la fin du XVe siècle : le schéma de la *Magna Porta* qui traduit visuellement le

129 Colonna 1499, f. c iiii ; Martin 1546, f. 14v. J'accompagne la citation de l'*Hypnerotomachia* de la version française de Martin, car je ne pense pas que l'érudition d'Ouvrard lui permettait de lire Colonna dans l'original ; nous ne savons pas si Ouvrard a eu accès à l'édition établie par Béroalde de Verville 1600 ou à celle du premier traducteur. En tout cas, pour le passage en question les différences sont presque exclusivement orthographiques, le seul changement notable étant relatif à la note « solide » et non plus « ferme & massive ». Sur les problèmes linguistiques dans le domaine architectural que révèle l'adaptation française de Martin, voir Guiderdoni-Bruslé 2004.

130 *Cf.* Zara 2013.

131 Référence omniprésente. On citera, pour l'approche globale : Schmidt 1978, Borsi 1995, Stewering 2000 ; on mettra à part Lefaivre 1997, qui croit voir en Alberti l'auteur caché de l'œuvre, au delà de tout raisonnable fondement philologique, historique et lexicographique.

procédé illustré ci-dessus, signe concret de la mutation en cours entre une conception volumétrique et une conception linéaire de l'harmonie architecturale[132]. [Figure 4] Autrement dit, il s'agit du passage d'une mathématique quantitative fondée sur la symétrie à une mathématique qualitative fondée sur l'eurythmie, que Pierre Caye n'hésite pas à définir comme une « révolution galiléenne », et dont les prodromes consistent en un déplacement de la théorie des proportions du troisième au premier livre du *De architectura*. Si au XVe siècle tous les commentateurs de Vitruve lisent la leçon du maître telle qu'elle est écrite dans le texte (« *Ratiocinatio autem est quæ res fabricatas solertiæ ac rationis pro portione demonstrare atque explicare potest* »), sensiblement différente en est l'interprétation des exégètes du siècle suivant :

> En effet, Fra Giocondo, et Philandrier après lui, ne lisent pas « *proportione rationis* », mais « *proportionis rationis* », i.e. « selon le principe de proportion ». La théorie des proportions, c'est-à-dire l'usage des mathématiques, qui, jusque-là dans le Vitruve, ne survenait qu'au livre III dans le cadre formel de la description des corps et de la composition des figures, apparaît dès le livre I comme l'opérateur privilégié de la méthode architecturale de la conception du projet[133].

Il s'agit donc d'une nouvelle conception mathématique qui permettrait alors – le conditionnel est obligatoire – l'intégration en son sein des qualités humaines, facteur essentiel pour l'assimilation de la théorie musicale des affects à la théorie anthropomorphique des ordres d'architecture dans une perspective rhétorique. Une telle conception se manifeste déjà entre les lignes de l'*Hypnerotomachia Poliphili*, quand « *Logistica prompta incominciœ cum Dorio modo & tono di cantare*[134] », et devient visible dans toute sa splendeur dans les gravures qui illustrent les pièces de luth de Denis Gauthier dans la *Rhétorique des Dieux*, où Abraham Bosse, en coordonnant les ordres d'architecture qui composent le décor gravé au burin avec les modes des composition musicales, en recherche consciemment la fusion[135]. Réminiscence, voire hommage aux expériences de Nicolas Poussin, que la lecture des *Istitutioni harmoniche* de Zarlino aida, peut-être, comme en témoignerait la célèbre lettre dite

132 Voir à ce propos Furno 1994.

133 Caye 2007. Pour ultérieurs approfondissements, je me permets de renvoyer à Zara 2011.

134 Colonna 1499, f. i, Martin 1546, f. 47v. : « Ce lieu me sembla merveilleusement laborieux : & Logistique s'en apperceut : parquoy elle print la lyre que Thelemie tenoit, et se print a chanter doulcement en ton Dorique [...] » ; voir Onians 1998, p. 207-215.

135 *La Rhétorique des Dieux*, Berlin, Staatliche Museum Preussischer Kulturbesitz, ms. 78C12 ; voir Buch 1989 et Pauwels 2000.

« des modes », à élaborer une rhétorique musicale figurative fondée sur le parallèle entre modes musicaux et ordres d'architecture[136]. En effet, si c'est au XVe siècle que l'on pose les bases littéraires et spéculatives de l'analogie entre les deux disciplines, c'est au XVIe siècle qu'on les soude ensemble (comme le démontre d'ailleurs l'apparition *ex nihilo* d'une métaphore des plus communes, « *scala musica* », dont l'apparition et l'adoption définitive parcourent tout le siècle)[137], dans le sillage d'une conception linéaire et rhétorique de l'harmonie musicale et architecturale qui ne trouvera son accomplissement qu'au XVIIe siècle. La question sort peut-être du chemin tracé par cette présentation, mais l'assertion, à contre-courant par rapport à une tradition historiographique toujours vivace sur les traces de Wittkower[138], doit être justifiée, et oblige, sinon un détour, au moins une interrogation. Cependant la chronologie de la querelle ci-dessus rappelée, ses fondements et ses facteurs déclencheurs, le fait que l'analogie musicale soit le premier souci dont Perrault ressent le besoin de se débarrasser (et les premières pages de l'*Ordonnance* sont là pour le démontrer), l'exemple de la *Rhétorique des Dieux*, la convergence poursuivie entre mode et ordre qui dépasse le cas particulier au point d'induire en erreur Henri Testelin, successeur de Félibien au poste de secrétaire de l'Académie Royale de Peinture, lorsqu'en 1673, à propos des gestes de Poussin, il parle – lapsus révélateur – de mode « corinthien » (qui n'existe pas), à la place d'ordre corinthien[139], tous ces éléments réunis ensemble ne nous signalent-ils pas, à différents égards et dans la pleine reconnaissance de la spécificité française, la perméabilité de la référence musicale à tout discours théorique sur les arts ?

Quant à Ouvrard, était-il conscient d'être un maillon de la chaîne qui le précédait ? Pour ce qui concerne l'*Harmonia mundi totius*, on peut raisonnablement en percevoir l'écho, qu'il soit direct sur le texte ou indirect par l'entremise biblique de De l'Orme ou du *Solitaire second* de Pontus de Tyard. Quant au *Songe de Poliphile*, cet ouvrage était considéré comme indispensable par Blondel, qui en possédait deux exemplaires (la deuxième édition française de 1554 ainsi que l'édition vénitienne de 1544), tandis que Félibien le décrit comme « un livre que tout le monde

136 Zara 2008.

137 Giani 2000 ; voir *supra*, n. 5.

138 Selon Wittkower, le Grand Siècle reste un siècle dogmatique : « Blondel adopte une approche historique et apologétique : car, contrairement à ses prédécesseurs humanistes, il doit prouver une théorie que nombre de ses contemporains ignorent » ; voir : Wittkower 1996, p. 161.

139 Testelin 1696, aujourd'hui consultable dans Mérot 1996 ; voir Montagu 1992, ainsi que Zara 2008.

connoît aujourd'hui[140] ». Ouvrard en faisait-il partie ? Si le mentor prescrit, il n'est pas assuré que l'élève obéisse. Mais même si la correspondance ne nous éclaire pas là-dessus, je crois que le dévot inconditionnel de Kircher qu'il était aurait apprécié le penchant hiéroglyphique des architectures de Colonna. Une certaine désapprobation du superflu décoratif lie les deux auteurs. Ouvrard, cohérent avec son postulat de départ – « sans la Doctrine des Proportions Harmonique tous les Ordres d'Architecture ne sont que des amas confus de pierres sans ordre & sans regle » – ne donne, à la fin de son traité, parmi les exemples tirés du *De architectura*, que les dimensions des temples, basiliques, théâtres, bâtiments publics et privés ; mais « nous ne rapporterons pas celles des Colonnes, ny de leurs Piedestaux, ny de leurs Ornemens, entablement, ou couronnement. Nous considérons leur hauteur [...][141] ». Attitude décidément marginale par rapport à la conception dominante : de Fréart à Perrault en passant par Blondel, écrire l'architecture au XVIIe siècle équivaut à débattre sur les ordres. Comme l'a souligné Werner Szambien, les proportions des ordres d'architecture « constituent en effet l'expression la plus cohérente et la plus poussée du principe de la règle, puisque celle-ci devient chiffrable[142] ». Pour ce qui concerne le Temple de Salomon, Villalpando les avait déjà cités en exemple (et l'adoption de la part de Fréart en souligne d'ailleurs la force). Était-ce une raison pour les passer sous silence ? Les mots de Colonna me semblent résonner avec plus de conviction :

> *Ilquale solido chiamo tutto il corpo della fabrica che e il principale intento, & inventione, & præcogitato, & Symmetria dil Architecto, sencia gli accessorii bene examinato & conducto, Indica (si non me fallo) la præstantia dil suo ingiegnio, perche lo adornare poscia e cosa facile [...]. Questo e che optimamente primo ad isso sappartene il solido disponere, & nellanimo definire (come sopra dicto fui) dila universale fabrica, cha gli ornati. Gliquali sono accessorii al principale. Dunque al primo, la sœcunda peritia di uno solamente si richiede. Ma la secundo molti manuali, overo operatori Idiote (chiamati dagli Græci Ergati) necessarii concorreno. Iquali (come dicto e), sono glinstrumenti dillo Architecto.*

> « Par ce massif, i'enten le corps de l'edifice, lequel sans ornemens fait cognoistre le savoir & l'esprit du maistre : car il est facile d'enrichir la chose apres qu'elle est inventee [...]. Car l'Architecte doit en premier lieu concevoir & disposer en son entendement le massif de toute l'œuvre, en apres penser des ornemens, qui ne sont que les accessoires du principal, considéré qu'au premier est cogneu le sçavoir & l'experience de l'ouvrier, mais le second est tresfacile, & commun quasi aux apprentiz[143]. »

140 Gerbino 2002, p. 310, et Blunt 1937, p. 121.
141 Ouvrard 1679, p. 16-17.
142 Szambien 1986, p. 36.
143 Colonna 1499, ff. c ii r, c iii v., Martin 1546 ff. 12r, 14v.

RÉCEPTION

Au cours de l'automne 1690, Philippe de La Hire, mathématicien successeur de Blondel à la tête de l'Académie d'Architecture, avant d'entamer une nouvelle lecture du *Vitruve* traduit par Perrault, proposa l'examen de l'*Architecture harmonique* d'Ouvrard. Trois séances lui furent dédiées, les 1er, 16 et 23 octobre. L'avis fut indulgent, mais péremptoire :

> L'on a achevé de lire le traité de l'Architecture Harmonique par M. Ouvrard qu'on avoit commencé dans les assemblées précédentes, et, après avoir examiné les exemples qu'il tire de Vitruve avec l'application qu'il en a fait aux nombres harmoniques, on a trouvé qu'à la vérité les distributions s'accordent bien avec ces nombres, mais qu'il y a plusieurs bastiments antiques, de ceux que l'on a estimé, dont la distribution ne s'accorde pas précisément avec cette proportion harmonique[144].

En réalité, plus que celle de Perrault, c'était l'œuvre de Desgodets qui comptait. Blondel lui-même l'avait pressenti, lui qui avait tout assimilé pour faire face aux attaques contre la doctrine, mais qui, en définitive avais aussi remarqué « qu'outre ces proportions Harmoniques, il y en a quantité d'autres qui font un tres-bon effet en Architecture, comme a fort bien remarqué Leon-Baptiste Albert[145] ». Deux ans plus tard, en 1692, Christiaan Huygens cita dans sa correspondance à Leibniz « un petit traité extravagant, où il vouloit qu'en matière d'architecture on observast les proportions qui font les consonances, comme si l'œil pouvoit reconnoître quand on s'écarte de ces proportions, de mesme que l'oreille le fait au chant ». L'épithète est éclairant, l'opinion aussi : il n'en conseillait pas la lecture[146]. De toute façon, l'œuvre était déjà introuvable : Brossard, dans ses *Catalogues des livres de musiques* terminés en 1725, rappelle à ce propos que « cette dissertation estoit fort curieuse mais il y a plus de 35 ans que je l'ay perdue et je n'en fait icy mention qu'affin d'insinuer la necessité de la faire chercher[147] ». Il en restera ainsi : en 1949 Wittkower ne nommera l'*Architecture harmonique* que dans une petite note en bas de page, pour en tirer des conclusions fausses (Ouvrard aurait conçu un sixième ordre d'architecture modelé sur celui de Soldati), tout en avouant n'avoir pas pu la consulter, car elle était perdue à l'époque

144 Lemonnier 1911-1929, t. 2, p. 203-204.

145 Voir *supra*, n. 100.

146 Huygens 1888-1950, t. 10, p. 289.

147 Brossard, Sébastien de, *Catalogues des livres de musique théorique et pratique, vocalle et instrumentale*, Paris, Bibliothèque Nationale, Rés. Vm^8 20 (la citation est tirée de l'édition moderne établie par Yolande de Brossard en 1986, p. 413).

dans les sous-sols de la Bibliothèque nationale de Paris[148]. Néanmoins, comble du paradoxe, ces deux éléments simultanés – l'intégration dans le *Cours* de Blondel et sa disparition du circuit livresque – lui assureront une longue existence, bien que, les conséquences peuvent l'attester, pas vraiment conforme à celle qu'avait souhaité son créateur.

En ce qui concerne la première de ces deux occurrences, il est indéniable que la tutelle académique de Blondel offrit à Ouvrard un prestige et une audience qu'il aurait difficilement atteints seul. Mais, contrairement à la volonté affichée de ne pas mettre « ma faux dans la moisson d'autruy », le directeur de l'Académie d'Architecture trahit la pensée du maître de chapelle : [Figure 5]

> Cela me donnoit sujet de raisonner de cette maniere. Comme la base attique decritte par Vitruve est à mon sens un des plus beaux & des plus parfaits morceaux que nous ayons dans les parties des Ordres de l'Architecture, & c'est ainsi qu'en ont parlé tous les Architectes, qui ont eu de la reputation : Ne pourroit-on pas dire que le plaisir qu'elle donne à nos yeux vient peut-estre de ce que les parties sont entr'elles en la proportion de ces nombres, 20, 15, 12, 10 ? qui forment dans la Musique un accord parfait dans un mode plagal comme le Quatrième qui est en *A mi la*, dans lequel l'Octave entre *A* & *a*, (dont la raison est la même que celle de la plinthe de la base ou tore superieur,) est divisée Arithmetiquement en *D la re*, faisant la Quarte *A D* en bas, (en la raison de la plinthe ou tore superieur,) & la Quinte *D a* en haut (en la raison du tore inferieur au tore superieur,) : De plus la Quinte *D a* est aussi divisée Harmoniquement en *F*, faisant la Tierce mineure *D F* en bas, (en la raison du tore inferieur à la scotie,) & la Tierce majeure *F a* en haut, (en la raison de la scotie au tore inferieur.)
>
> Quant aux filets qui accompagnent la scotie, on peut dire qu'ils sont dans l'Architecture ce que les Notes *fuses* & *semi-fuses* sont dans la Musique, où elles servent à faire des passages qui par leur modulation font goûter les Notes essentielles des accords avec plus de douceur. Si l'on mettoit un socle sous la plinthe de la base, dont la hauteur fust double de celle du tore inferieur ; l'on auroit un assemblage de moulures en la raison de ces nombres 30, 20, 15, 12,

148 Wittkower 1996, p. 161, n. 139 ; l'information est tirée de Comolli 1791, t. 3, p. 228-229 : 229, qui affirme lui même n'avoir pas réussi à le consulter : voir *infra*, n. 164. Les exemplaires connus sont aujourd'hui conservés : deux en France : Paris – Bibliothèque nationale de France, Rés. V. 1886, Lyon – Bibliothèque municipale, Rés. 367374 ; un en Suisse : Bern – Bibliothek Kunstgeschichte, KMU Qbd 3 11 ; un en Angleterre : University of Essex, The Albert Sloman Library, p NA 2500 ; et un en Australie : University of New South Wales Library, S M/9253. Maria Luisa Scalvini, affirme l'avoir consulté auprès de la Biblioteca Ambrosiana de Milano (Italie), sans pour autant en donner la cote (Scalvini, Villari 1994, p. 64). Jusqu'à ce jour, le catalogue n'en donne pas trace, et toutes mes recherches restent inabouties. Également, WorldCat indique un exemplaire à la bibliothèque de l'Université de Sydney, mais les catalogues ne confirment pas cette information.

> 10, dont l'aspect seroit agréable par la même raison qu'ajoutant en Musique au mode plagal dont je viens de parler, une Note plus basse d'une Quinte, l'assemblage des six notes seroient en la proportion des mêmes nombres & produiroient l'un de ces trois modes authentiques, sçavoir le Phrygien de *D* en *d* dont la dominante est en *A* (où l'Octave est divisée harmoniquement,) & la médiante en *F* (où la Quinte est aussi divisée Harmoniquement ;) Ou bien le Lydien de *E* en *e* dont la dominante est ♮ & la médiante en *G* ; ou enfin le mode Æolien de *A* en *a*, dont la dominante est en *E* & la médiante en *C*[149].

Pour Ouvrard, on vient de le voir, il n'a jamais été question d'ordre d'architecture. Son souci est le rétablissement d'une règle générale à laquelle subordonner les détails. Pour lui, à contre-courant par rapport aux usages théoriques, les ordres n'en font pas partie. Le choix des exemples tirés de Vitruve est à cet égard explicite : « nous ne rapporterons pas celles des Colonnes, ny de leurs Piedestaux, ny de leurs Ornemens, entablement, ou couronnement[150] ». Or c'est exactement ce que fait Blondel, en énumérant toutes les dimensions de la base par excellence, la base attique. Parce qu'il lui importait d'accomplir ce qu'il estimait inachevé (sa forme d'esprit ne pouvait pas exclure l'adoption comme canon de la notion d'ordre), parce que l'*Ordonnance* de Perrault pressait et qu'il fallait intervenir sur le même terrain, multiples ont pu être les raisons qui le poussèrent à une telle réaction. Toutefois, rien ne l'empêchait d'être plus rigoureux dans l'application du système zarlinien, que de toute évidence il ne maîtrisait pas. Si la prose est correcte, les indications proportionnelles qui accompagnent la figure sont erronées : 15:12 ne désigne pas l'intervalle de tierce mineure, mais celui de tierce majeure, tout comme 12:10 n'est pas une tierce majeure mais une tierce mineure, et 20:12 correspond à un sixte majeure, non mineure. Il pourrait s'agir d'une simple étourderie qui a résisté à la vérification avant impression, ce qui ne serait ni la première ni la dernière fois. Cependant, ce n'est pas là que réside le détournement de l'idée originelle, mais plutôt dans l'introduction d'un frémissement sensoriel étranger à la plume d'Ouvrard. Et c'est cette secousse que l'histoire retiendra :

> Cette base dans l'accord de ses parties peut s'assimiler à celui de la tierce & de la quinte de la Musique, ainsi que l'observe très-savamment M. Ouvrard. En effet le premier tore, la scotie, & le seconde tore semblent produire à l'œil ce que les tons de *sol*, *si*, *re*, font à l'oreille. C'est le même calcul. Les filets sont comme les passages & ports de voix[151].

149 Blondel 1683, p. 758-759.

150 Voir *supra*, n. 141.

151 Le Camus de Mézières 1780, p. 32 ; ce qui suit est tiré de Zara 2007-2009, auquel je renvoie pour approfondissements ultérieurs.

Ainsi s'exprime un siècle plus tard Nicolas Le Camus de Mézières dans son *Génie de l'architecture* sur l'*Analogie de cet art avec nos sensations*, texte fondateur de ce qu'ensuite sera appelée « architecture parlante ». Le mal est fait : ce n'est pas « à la science et aux calculs d'Ouvrard », comme le souligne encore Marie-Pauline Martin, que revient l'illustration musicale des proportions architecturales[152]. Il ne s'agit pas d'une chicane philologique : une fois rétablie la paternité, si l'effet reste le même, *cui prodest* ? Mais justement, les retombées sont de taille, et pèsent lourd sur le crédit de ce genre de spéculations, souvent approximatives, et sur leur réception. Tout se passe comme si le mariage entre ces deux disciplines s'épuisait, partout et toujours, dans la traduction littérale des dimensions d'une structure architecturale calculée non pas dans un rapport de proportion mais plutôt dans celui des notes musicales 1:2 = *diapason* = octave = do-Do. Dessiner l'espace n'équivaut pas à écrire une mélodie : il en a été ainsi pour Iannis Xenakis, peut-être pour Guillaume Du Fay dans le deuxième quart du XVe siècle[153]. Si la base attique nous semble confirmer cette conception, en réalité ce ne fut le cas ni pour Blondel ni pour Le Camus de Mézières. Le premier illustre un théorème, le deuxième forge une métaphore. D'ailleurs, ce qu'au XVIIe siècle on emploie presque deux pages à expliquer, le XVIIIe le synthétise en dix lignes. Il ne s'agit pas de complaisance rhétorique, contre laquelle Boileau avait déjà mis en garde. De la spéculation du prédécesseur, Le Camus de Mézières sauve la superposition des tierces qui forment l'accord, mais évacue l'ambivalence majeur/mineur, en choisissant, sans raison manifeste, le ton de Sol, et sans faire aucune allusion aux divisions arithmétiques, accords parfaits, modes plagaux. Modification essentielle, il remplace les « notes fuses & semi-fuses » par des « passages & ports de voix ». Changement de perspective apparemment neutre, en réalité radical. Que signifient ces mots ? « *My musicologist colleague Claude Palisca tells me he has never seen the term "note fusées" [sic !]. Nor have I found it in any dictionary* », déclare avec simplicité. George Hersey, *professor emeritus* en histoire de l'art à Yale University dans son luxueux volume sur l'architecture baroque,

152 Martin 2006.

153 Malgré la distance dans le temps, ces deux créateurs restent deux paradigmes classiques de référence : pour Iannis Xenakis il s'agit sans surprise de son *Metastasis B'* composé pour le Pavillon Philips de l'Exposition universelle de Bruxelles de 1958, qu'il avait projeté à partir d'une idée de Le Corbusier, voir Xenakis 1958, et Xenakis 1971. Quant à Guillaume Du Fay et son motet *Nuper rosarum flores* exécuté le 25 mars 1436 pour la consécration de la cathédrale de Florence et calqué peut-être sur l'architecture de cette dernière et en particulier sur le dôme de Brunelleschi, l'interprétation est encore objet de controverse, *cf.* Warren 1973, Wright 1994, et Trachtenberg 2001.

contradictoire à plus d'un égard[154]. Un simple recours au *Dictionnaire de musique* de Brossard aurait aisément résolu l'énigme :

> FUSA, plur. *Fuse*. C'est une des Nottes de la Musique, qu'on nomme en François CROCHE, on la nomme autrement *Croma*, on la figure ordinairement avec une tête noire & un crochet au bout de la queüe, ainsi mais dans le Triple seulement avec une tête blanche ainsi . Dans la mesure à 2. ou à 4. temps, il en faut huit ; Dans le Triple, il n'en faut ordinairement que six pour faire une mesure, &c[155].

Un regard subséquent au dictionnaire de Jean-Jacques Rousseau, imprimé une douzaine d'années avant le *Génie de l'architecture*, aurait ensuite éclairé le sens de l'amendement fait par Le Camus de Mézières [Figure 6] :

> Fusée : trait rapide et continu qui monte ou descend pour joindre diatoniquement deux Notes à un grand Intervalle l'un de l'autre (Voyez *Pl.* C *Fig.* 4). À moins que la *Fusée* ne soit Notée, il faut, pour l'exécuter, qu'une des deux Notes extrêmes ait une durée sur laquelle on puisse passer la Fusée sans altérer la Mesure[156].

Blondel compare les filets des moulures de la base à la manière des notes de passage à la valeur rapide (et non pas dissonances qui amènent à une consonance, comme l'imagine encore Hersey)[157], qui ont pour fonction d'enrichir les notes principales de l'accord. Quand Le Camus de Mézières reprend ce parallèle, il entend quelque chose d'autre : les notes se sont transformées en une glissade. Variation apparemment minimale, dont on comprend la portée si on vérifie la définition des deux termes employés à la fin de la citation. Comme l'énonce une fois de plus le *Dictionnaire* de Rousseau :

> Passage : Ornement dont en charge un trait de Chant, pour l'ordinaire assez court ; lequel est composé de plusieurs Notes ou Diminutions qui se chantent ou se jouent très-légérement.
>
> Port-de-voix : Agrément du Chant, lequel se marque par une petite Note appellée en Italien *Appoggiatura*, & se pratique en montant diatoniquement d'une note à celle qui la suit par un coup de gosier[158].

154 Hersey 2000, p. 39 ; pour la critique, voir Zara 2007, p. 168-171.

155 Brossard 1703, n. p. [e-iv]. La dénomination, dérivée de la terminologie latine du XVe siècle, est attestée dans deux traités français de théorie musicale remontant à la deuxième moitié du XVIe siècle, *cf.* Guilliaud 1554 et Jambe de Fer 1556 ; voir Bonniffet 2005, p. 266-270.

156 Rousseau 1768, p. 223.

157 Hersey 2000, p. 39.

158 Rousseau 1768, t. 2, p. 80, 106.

Il est toujours question de valeurs brèves, mais là où Blondel renvoie à une conception sonore statique de l'événement musical (l'accord conçu en soi, entité immobile considérée isolément, où ce qui domine est la superposition des consonances comme résultat direct de l'application correcte de la moyenne proportionnelle), Le Camus évoque l'ornement du chant, et le souffle de la voix que ce chant sous-entend. Une émission unique et dynamique : à exécuter « très-légérement » et « par un coup de gosier ». Le changement de perspective est radical, et bouleverse dans ses fondements l'analogie entre musique et architecture : en reprenant les arguments de Louise Pelletier à propos de Le Camus, « *his notion of an analogy between architecture and our sensations was derived not from a scientific analysis of the senses [...], but from an analogical and sometimes even methaporic comparison among different senses*[159] ». L'enjeu n'est ni conceptuel, ni phénoménologique, mais résolument sémantique. Alors, l'intuition – heureuse – de Marie-Pauline Martin, selon laquelle « de rapports "harmoniques" entre ces deux arts, nous sommes passés à l'idée (moderne) de rapports "harmonieux"[160] » n'est pas à attribuer aux deux disciplines en question, mais plutôt à l'idée même de rapport comme fondement ontologique de l'harmonie. Les nombres ne sont pas harmoniques, mais harmonieux. Et telles sont les relations qu'ils génèrent.

Le maître de chapelle est toutefois déjà loin : le reste passe par Charles-Étienne Briseux, obscur architecte de la première moitié du XVIIIe siècle, trop hâtivement associé à Ouvrard pour l'hommage à Jean-Philippe Rameau contenu dans les pages de son *Traité du beau essentiel*[161]. Mais persévérer sur l'analogie musicale et architecturale ne suffit pas. Dans la querelle introductive qui l'oppose à distance à Perrault, jamais l'*Architecture harmonique* ne transparaît ; et si la *Division de la corde* semble réhabiliter les vestiges du *senario* zarlinien, la démarche n'est qu'apparente : les *principes naturels* de Rameau ressortissent à l'épistémologie d'une autre harmonie[162]. [Figure 7] Surtout, le traité de Briseux est encore un traité des ordres d'architecture, comme on n'en produira plus au siècle des Lumières (Le Camus de Mézières ne dédie qu'une vingtaine de pages à peine à ce sujet, et ce qui suit ressemble à une longue promenade concertante entre art et nature parmi les salles

159 Pelletier 2006, p. 137.

160 Martin 2006, p. 44.

161 Briseux 1752 ; voir Testa 2003.

162 Voir Rameau 1722 ; *cf.* Christensen 1993, Vendrix 2007, et Gozza, Serravezza 2004, p. 77-86.

de la nouvelle habitation bourgeoise afin d'en déterminer le caractère). Ce qui à partir de là se perpétue, c'est la correspondance linéaire entre intervalles musicaux et dimensions architecturales, dont Hersey fournit le dernier exemple emblématique, hélas encore une fois décontextualisé. Où lit-il que chaque intervalle musical composant l'accord se réfère à une des trois dimensions de l'espace ? Il n'en a jamais été question, chez aucun des théoriciens évoqués ci-dessus. Et de quel droit s'approprie-t-il le modèle élaboré par Blondel pour l'appliquer, d'abord à la base attique dessiné par Piranèse pour soutenir le candélabre de sa propre tombe à Santa Maria del Priorato de Rome, d'où il tire une triade dissonante composée de deux intervalles de quartes superposées Do-Fa-Si, ensuite au célèbre baldaquin de Saint-Pierre de Rome de Bernin, dont la structure restituerait une mélodie en temps binaire et en tonalité de Fa mineur ? Pourquoi pas Ré mineur par exemple, ce qui aurait au moins l'avantage de présenter moins de bémols à la clef ? Prudent, Hersey admet de ne pas croire possible que les deux maîtres aient poursuivi sciemment un tel dessein. Néanmoins :

> *I have simply proposed a fresh but workable way of understanding what, most probably, he achieved by purely visual means (by eyeballing them with the rught eyeballs). Bernini, like Piranesi but unlike Blondel, may be considered an unconscious practitionner whose designs turned out to be musically correct in a fairly exact visual analogy between the designer's sense of interval and the musician's perfect pitch*[163].

Mais un tel raisonnement néglige encore une fois le contexte, tant spécifique que général, dont l'incompréhension évidente pénalise toute spéculation. Quant à Briseux, sa connaissance indirecte d'Ouvrard confirme l'importance assumée entre temps par le *Cours* de Blondel. Même si, n'étant plus lue, l'*Architecture harmonique* parviendra à un statut mythique au contenu à la fois réel et imaginé (en circulant au-delà de sa disparition, sinon grâce à elle, comme en témoigne l'accueil qui lui sera réservé dans la péninsule italienne tant aimée d'Ouvrard), la base attique parlera toujours à sa place. Angelo Comolli, qui fait pourtant de l'œuvre d'Ouvrard le bastion de ses pages sur musique et architecture dans sa bibliographie historique et critique de l'architecture civile, admet ne pas être « *ancora riuscito a vederlo, sebbene ne abbia fatte le più diligenti ricerche*[164] ». Tommaso Temanza en remarque une fois de plus l'occultation (« *non si è mai veduta, che io sappia, la sua opera* »),

163 Hersey 2000, p. 50.

164 Comolli 1791, t. 3, p. 228-229 ; voir *supra* n. 148.

tandis que Francesco Ottavio Magnocavalli, auteur en particulier d'un *Saggio sopra il bello reale dell'architettura* à ce jour inédit, dans le *Cattalogo di libri da provvedersi* signale, parmi les traités d'architecture, outre le manuel de Briseux qu'il possédait, celui du savant tourangeau que probablement il n'avait même pas consulté[165]. Demeurait cependant à Rome un architecte lyonnais de formation parisienne, enseignant d'architecture auprès de l'Accademia di San Luca, dont la « fonction de médiateur de la théorie architecturale française à un moment précoce du XVIIIe siècle » est désormais confirmée : Antoine Deriset, rameau essentiel et déterminant dans la diffusion des idées d'Ouvrard[166]. Il en copie un long extrait, s'efforce sur ces bases d'élaborer un traité de sa propre main, et ce faisant ouvre la voie à Nicola Ricciolini, Giacomo Quarenghi, Bernardo Antonio Vittone, Berardo Galiani. Ce dernier, dans la traduction du *De architectura* qui lui vaudra la nomination à l'Accademia della Crusca, propose alors à nouveau l'exemple de la base « Atticurga, o sia Attica », dont on peut observer que toutes les proportions sont harmoniques, mais il laisse à un autre les soins de démontrer que la science de la musique a engendré les origines des proportions architecturales[167]. L'invitation est vite recueillie deux ans plus tard par son confrère plus âgé Vittone, dans le premier de ses deux traités d'architecture, les *Istruzioni elementari per l'indirizzo de' giovani allo studio dell'architettura civile*, où il se présente dans le frontispice avec le titre de *Architetto Accademico di S. Luca in Roma*[168]. Si l'hommage à Ouvrard témoigne de la conscience historique de l'auteur (« *Non mio, ma pensier già fu del Signor Blondel appoggiato al sentimento del Signor Ouvrard il far paragone dell'architettura colla Musica* »), le chapitre sur la base attique n'est qu'une paraphrase de celui du directeur de l'Académie d'Architecture, dont il reproduit les spéculations (« *stanno i membri principali, che questa Base compongono, tra loro come i numeri 10, 12, 15, 20* »), les conclusions

165 Temanza, Tommaso, *Lettera del 29 giugno 1762 al Sig. F. M. P.*, *Raccolta di lettere sulla pittura, scultura ed architettura, scritte da' più celebri personaggi dei secoli XV, XVI, e XVII*, éd. Bottari 1822-1825, t. 5, p. 476 ; quant au comte Magnocavalli, *cf.* Testa 2005, p. 369.

166 Seule contribution, du reste exhaustive, sur le personnage : Oechslin 1969. Sur l'Académie de Saint-Luc et l'Académie de France à Rome, voir Barrier 2005.

167 Galiani 1758, p. 64 ; voir Villari 2003.

168 Vittone 1760. Pour la filiation romaine, qui conduit tout droit à l'enseignement du Deriset (voir *supra* n. 166), voir Oechslin 1972a, et Oechslin 1972b. Vittone publiera six ans après un deuxième traité, idéal approfondissement du précédent (Vittone 1766) ; la tractation de la doctrine musicale se trouvera considérablement développée jusqu'au dimension d'un véritable traité dans le traité de plus de cent pages. Pour la spéculation musicale de Vittone dans ses lignes générales, *cf.* Fratelli 2006.

(« *quanto poi ai filetti, che accompagnano la Scozia, si può dire, che facciano nell'Architettura ciò, che le note fuse, e semifuse fanno nella Musica, in cui servono esse a fare dei passaggi, che per la loro modulazione fanno con più di dolcezza gustare le note essenziali dell'accordo* »), et mêmes les hésitations (« *oltre le suddette proporzioni armoniche, molte altre se ne osservano, che fanno una bellissima vista nell'Architettura, come ha saggiamente osservato Leon Battista Alberti, che non sono state ben conosciute dagli Antichi* »)[169]. Mais en réalité, un changement majeur modifie sensiblement la donne : Blondel illustre la transposition musicale par un accord, Vittone par une *cantilena*, « *che per più facile intelligenza esporrò in termini di Canto Fermo*[170] ». [Figure 8] Le choix – surprenant à l'approche du XIXe siècle – d'utiliser comme référence le plain-chant grégorien, et d'inscrire donc les sons dans un tétragramme avec la notation carrée, s'explique par la dédicace du traité : *alla maestà infinita di Dio ottimo massimo.* L'option mélodique est par contre inédite : si les sons choisis dessinent toujours un accord, leur disposition horizontale (qui peut être transposée du premier mode mineur au cinquième majeur afin de rendre « *la detta cantilena in questa assai più dolce, e gustosa* »)[171], révèle à mon avis une attitude plus proche de la pensée contemporaine de Briseux et Le Camus de Mézières que celle de Blondel. Pour ce dernier, rappelons-le, « l'accord est agréable », dans sa superposition verticale (et les notes de passage « font goûter les Notes essentielles des accords avec plus de douceur ») ; tandis que pour l'Italien le profil mélodique des notes de l'accord produit une cantilène savoureuse, dont le « souffle de la voix », bien qu'il ne soit pas évoqué, n'est pas trop loin[172]. Cette nouvelle expression n'aura pas pour autant d'émulateurs, au contraire, l'inverse se produit : Girolamo Masi, par exemple, recopie fidèlement, mot à mot, le chapitre où Blondel explique l'*Application des proportions de la musique à l'architecture par M. Ouvrard*, mais omet tout simplement de citer la *Suite de sa pensée* sur la base attique[173]. Toutefois, il s'agit d'un cas isolé : au seuil du XIXe siècle Baldassarre

169 Vittone 1760, p. 366-370 ; quant au dernier constat concernant l'impossibilité de faire des proportions harmoniques le canon des proportions architecturales, voir *infra*, n. 100.

170 *Ibid.*, p. 367.

171 *Ibid.* Ce passage laisse planer un doute sur la connaissance de l'*Architecture harmonique* de la part de Vittone : seulement Ouvrard admet cette possibilité (voir *infra*, n. 117), tandis que Blondel la passe sous silence. Mais il est plus probable, et plus vraisemblable, que cela puisse être un écho de l'enseignement de Deriset ; voir *infra*, n. 166.

172 Constantini 2002, essaie de tracer une filiation historique entre Vignola, Blondel et Vittone par l'exemple de la base attique mais, carentielle sur le plan méthodologique et épistémologique, elle n'arrive pas à convaincre de la continuité de lecture musicale.

173 Masi 1788, p. 157-159.

Orsini (directeur de l'Accademia del Disegno de Pérouse, membre de plusieurs académies italiennes et auteur d'un dictionnaire universel d'architecture), écrit dans sa traduction de Vitruve :

> *Il Blondello [...] ha trovate le corrispondenze de' membri di codesta base attica co' tuoni della musica e cominciando dal plinto, i numeri de' medesimi si stanno come 20. 15. 12. 10. ed i listelli che dividono il cavetto dai tori rendono il medesimo aspetto che farebbono nella musica le note fuse, e semifuse, che servono a formare i passaggi, i quali modulandosi con maggior dolcezza rendono sensibili all'orecchio le note principali degli accordi. Il plinto dunque corrisponde al tuono mi la : e questo rapportando al toro superiore si ha l'ottava. Il toro inferiore corrisponde al tuono la re, e questo rapportando al plinto si ha la quarta, e rapportando i due tori si ha la quinta ; e rapportato il toro inferiore a cavetto si ha la terza minore ; ed il cavetto al toro superiore darà la terza maggiore. Osserva poi l'Autore, che aggiungendo sotto al plinto un zoccolo che abbia di altezza il doppio del toro inferiore, si arrecano i modi plagali, friji, lidj, ed eolij ; e tanto sia detto per erudizione degli studiosi*'[174].

Paraphrase presque littérale de Blondel, reprise sans complexe et donc sans besoin d'explications supplémentaires, de la terminologie musicale, affectation encyclopédique affirmée, sans aucun renvoi ni à Ouvrard ni à Le Camus de Mézières : l'exemple enfin devenu prototype, sinon archétype, le parcours pourrait se dire clos. Cependant, quinze ans plus tard, un homme des lettres prêté aux affaires du monde, Jean-Michel-Raymond-Ghislain Moreau de Bioul (seul le titre « de Bioul » figure dans la page de titre), renverse complètement le langage adopté, dans une traduction de Vitruve où il se situe sur un terrain que l'on pourrait dire synesthésique :

> Je vais essayer de faire voir comment la base attique est faite d'après les principes harmoniques, pour donner quelque idée au lecteur des rapports qui se trouvent entre l'architecture et la musique. Une succession de sons ordonnés de manière qu'ils produisent des accords qui contrastent avec d'autres et font néanmoins une suite de consonances réglées par la mesure, forme un ensemble agréable qui plaît à l'oreille. L'agréable accord des couleurs et l'agréable accord des formes produit le même effet sur la vue. La combinaison des différentes formes produit l'harmonie de l'architecture, comme la combinaison des différens sons produit celle de la musique. J'applique ceci seulement à la base attique, et à ses diverses moulures. Il existe deux sortes de moulures, les carrées et les rondes : les premières ont par elles-mêmes quelque chose de dur et de sec ; les secondes ont beaucoup de douceur et de grâce. Lorsque ces moulures se trouvent assorties, mélangées avec goût, il en résulte beaucoup d'agrément. Les moulures rondes sont en architecture ce que sont en

174 Orsini 1802, t. 1, p. 137-138, Orsini 1801 ; voir Belardi 2008.

harmonie les accords consonnans, et les moulures carrées répondent aux accords dissonnans. Le mélange des uns et des autres a le même objet, et doit suivre les mêmes règles. L'aigreur des dissonances est un artifice qu'un sage compositeur doit employer, afin d'augmenter, par le contraste, l'impression délicieuse de l'accord consonnant. Une musique deviendroit fade et insipide si, de temps en temps, la dissonance ne s'y faisoit pas sentir ; elle écorcheroit les oreilles si la dissonance y étoit prodiguée ; de-là la règle de n'employer aucune dissonance qui ne soit préparée et sauvée par un accord consonnant. Appliquons ceci à l'architecture dont les ornemens ont une harmonie qui leur est propre : les moulures rondes en font toute la douceur, et les moulures carrées la dureté. Afin donc de rendre cette harmonie parfaite, il faut que la dureté des moulures carrées interrompe de temps en temps la mollesse des moulures rondes qui pourroit dégénérer en fadeur ; mais il est plus essentiel encore que la mollesse de celles-ci viennent toujours corriger la dureté de celles-là. Alors l'ouvrage n'aura rien de sec, et l'ensemble sera un enchantement pour les yeux. C'est ce que nous offrent les moulures de la base attique ; la moulure rond du tore d'en-bas contraste avec le socle ou plinthe qui présente une moulure carrée d'un autre côté, dans sa position horizontal. La forme circulaire de cette base contraste encore avec la forme carrée du même socle ; les deux tores sont séparés de la scotie par les deux listels carrés ; et le tore d'en-haut, contraste avec le listel du bas de la colonne. Ce ne sont pas là les seuls rapports de la base attique avec l'harmonie. L'harmonie naturelle est composée de trois sons différens qui forment entr'eux l'accord le plus parfait qu'on puisse entendre, d'où on l'appelle, par excellence accord parfait. Ainsi pour rendre complette l'harmonie, il faut que chaque accord soit au moins composé de trois sons. Aussi les musiciens trouvent-ils dans le trio, la perfection harmonique. D'après ces principes, la base attique contient trois parties ou trois moulures principales : les deux tores de la scotie, le tore d'en-bas forme un accord avec celui d'en-haut ; ce dernier est un tiers moins gros que l'autre ; sa proportions ave le premier est comme celle de 2 à 3 qui est précisément celle de la quinte, la première des consonnances admises par les Grecs. La concavité de la scotie contraste avec la connexité des tores ; et la mollesse de ces moulures rondes est adroitement interrompue par les carrés des listels ; néanmoins avec la scotie, ils servent de liaison aux deux tores ; c'est ainsi qu'on passe d'un accord à un autre par les dissonances ou sons aigus, et qu'on forme une mélodie très-agréable, comme dans une pièce de musique, nous trouvons dans la base attique accord, consonance, contraste, intervalle, mesure, liaison, ensemble, etc. On pourroit trouver encore bien d'autres rapports ; mais je crois que cet essai suffit pour l'intelligence de ce que nous avons avancé dans nos remarques sur le 1er chapitre du Ier livre[175].

Mais on est désormais en plein XIXe siècle, âge qui verra Peter Legh titrer ses exercices d'analyse vitruvienne : *Music of the Eye*[176]. La prose

175 [Moreau] de Bioul 1816, p. 128-129 ; pour la biographie de l'auteur, voir Michaud 1870-1873, t. 29, p. 264.

176 Legh 1831.

de Le Camus de Mézières l'annonçait déjà : dans la tentative de trouver une solution – impossible – à une définition de l'ordre français (selon lui Perrault lui-même y avait échoué), il s'était demandé si « ne pourroit-on pas cependant employer dans cet Ordre des proportions mixtes ou participants des deux différens Ordres, comme on emploie les demi-tons ? C'est une question à résoudre, & sans doute assez délicate[177] ». L'analogie en sort transfigurée : je ne sais pas si dans la citation du *Génie* il y a une conscience précise du rôle joué par le demi-ton dans la constitution des modes musicaux, et des caractères qu'ils expriment ; cependant, à ma connaissance, il n'y a qu'un précédent à l'utilisation du demi-ton en tant que pierre de touche positive : les *Dieci libri dell'architettura di Vitruvio tradutti e commentati da Mons. Daniele Barbaro*, imprimés une première fois à Venise en 1556 et onze ans plus tard dans deux versions remaniées, l'une toujours en *volgare* et l'autre en latin.

> *Dico poi, che il tuono & semituono, benche non fanno Armonia, & consonanza, nientemeno egli si deve considerare l'uno, & l'altro, sì perché distingueno gli spacij delle consonanze, & misurano i mezi Musicali, sì perché le sode consonanze per l'uno, & l'altro si legano insieme, & finalmente all'uno, & all'altro si attribuisce la forza di commuovere gli affetti*[178].

Le commentaire de Barbaro faisait-il partie de la bibliothèque de Le Camus de Mézières ? Ce dernier pouvait-il avoir intégré dans ses lectures, dans sa réflexion, l'élocution de l'illustre Vénitien au point de la ressortir lors d'un passage si anodin ? Si l'époque des Lumières rayonne, aussi, de la clarté de Palladio, il n'est pas impossible que son mécène lui fût inconnu. Et il faut reconnaître que ni l'un ni l'autre ne fondent le parallèle entre sons et dimensions sur la théorie des consonances parfaites, mais sur des intervalles qu'on considère, tant au XVIe qu'au XVIIIe siècle, comme des dissonances à qui on attribue la faculté de susciter des émotions. Certes, la possibilité d'une continuité reste hypothétique, le jeu des anticipations, bien que séduisant, demeurant la plus part du temps tortueux, périlleux et ambigu. Mais il y a un détail qui ne peut pas être négligé. L'exégèse historiographique nous a habitué à lire Barbaro sous

177 Le Camus de Mézières 1780, p. 38 ; quant au modèle d'ordre français élaboré par Perrault : « L'idée est ingénieuse, mais l'ensemble n'est enfin qu'un chapiteau composite, rien de nouveau dans les proportions, conséquemment point de sensations qui caractérisent un nouvel Ordre ».

178 Barbaro 1567 Ital., p. 232. Le passage, inchangé, se retrouve tant dans la contemporaine édition latine – Barbaro 1567 Lat. – que dans la précédente version italienne – Barbaro 1556.

l'égide d'Alberti, porte-drapeau d'une Renaissance, aristotélicienne, pythagoricienne ou platonicienne, peu importe, en tout cas fondée sur un socle mathématique. Or, ses propres mots nous renvoient à la rhétorique : au pouvoir du *numerus*, le patriarche élu d'Aquilée préfère celui de la parole[179]. À partir de tout autre fondement – une architecture dont la fonction n'est plus celle de miroir du *status* social de ses habitant, mais plutôt leurs caractère –, Le Camus de Mézières se remet à un élan sensuel pour définir un langage du bâti qui soit discours, non pas doctrine, et où l'élément musical n'est qu'une référence, une variable parmi d'autres d'une équation linguistique, d'une métaphore, non pas d'un rapport d'équivalence entre deux parties. « Personne n'a encore écrit sur l'analogie des proportions d'Architecture avec nos sensations[180] » : *in nova verba, nova res*. En 1781 Antoine Chrysostôme Quatremère de Quincy, nouvelle étoile du firmament théorique français, pour l'instant jeune critique amateur sans salaire fixe, rédacteur de l'entrée *Architecture* pour l'*Encyclopédie méthodique* de Charles-Joseph Panckoucke, écrit à ce propos que « l'architecture a un caractère, lorsqu'il y règne, d'une manière sensible, une qualité quelconque qui semble en être devenu le ton & le mode dominant[181] ». La théorie est loin : le terme « couleur » n'aurait pas changé grand chose à la substance évocatrice de « ton » ou « mode ». Félibien, et on revient alors aux années parisiennes d'Ouvrard, l'avait très bien compris, lui qui au début de son dictionnaire des arts avait défini les paroles « comme autant de coups de pinceau, qui forment dans l'esprit l'image des choses [...] il n'y a rien dans les Arts de si important pour en bien parler, & de si nécessaire pour juger de toutes sortes d'ouvrages, comme de sçavoir ce que chaque mot signifie[182] ». Leçon à retenir, à laquelle le tableau historique ici esquissé n'échappe pas.

Dernière annotation. La lecture musicale des éléments constituant la base attique ne dévoile pas la vraie nature de la spéculation du directeur de l'Académie d'Architecture. Le regard tourné vers le haut, ce sont les dimensions de l'architrave qui en révèlent l'intention cachée :

> C'est peut-estre par la même raison que la division des bandes de l'architrave Ionique suivant ces nombres 5, 4, 3, nous semble belle, parce qu'elle produit

179 Pour la reconsidération de la figure de Barbaro, du moins pour ce qui concerne les rapports entre musique et architecture, je me permet de renvoyer à Zara 2017, ainsi qu'aux essais de Stefano Lorenzetti et Daniel K. Walden contenus dans le même volume.

180 Le Camus de Mézières 1780, p. 1.

181 Quatremère de Quincy 1788-1828, t. 1, p. 185 ; *cf.* Lavin 1992.

182 Félibien 1676, *Préface* n. p. [e-i].

en Musique une consonance que l'on appelle une Sixième majeure entre les extremes, divisée par le terme moyen qui fait la Tierce majeure en bas & la quarte en haut. Et cét accord est agreable par supposition ; C'est à dire que si vous supposez ou sous-entendez un autre terme plus bas qui soit 6, & qui fasse par conséquent une Tierce mineure avec le plus grave des posez 5 ; vous aurez un mode authentique parfait dont les sons seront en la proportion des nombres 6, 5, 4, 3, dont le premier 6 sera le son fondamental du chant, qui sera avec le dernier 3 une Octave divise Harmoniquement par le moyen 4 avec la Quinte en bas (en la raison de 6 à 4) & la Quarte en haut (en la raison de 4 à 3), & ce son moyen sera le dominant du mode ; la Quinte sera de plus divisée Arithmetiquement par le terme le plus grave des posez, c'est à dire par 5, avec la Tierce mineure en bas (en la raison de 6 à 5) & la majeure en haut (en celle de 5 à 4) & ce son 5 sera la terme mediant du même mode. Surquoy je ne puis m'empêcher de dire en passant, quoique cela ait peu de rapport au sujet de l'Architecture que nous traitons, que la doctrine de la Supposition dans la Musique est peut-estre la fondamentale de la Theorie demonstrative de la Composition, à laquelle je ne voy pas que personne ne soit encore appliqué de bonne maniere[183].

Or c'est Ouvrard, justement, qui dans son *Secret pour composer en musique* démontre mieux que d'autres cette pratique de composition : la *supposition*, terme emprunté à la polémique entre Artusi et Monteverdi, qui signale l'utilisation d'une dissonance à la place d'une consonance, et donc « supposée » telle[184]. D'ailleurs, et ce pourrait n'être qu'une heureuse coïncidence, Brossard indique parmi les caractéristiques de cet artifice (ce qui en détermine une certaine flexibilité d'adaptation), la « vitesse du mouvement », renvoyant ainsi aux note fuses et semi-fuses évoquées par Blondel[185]. Mais le sens de ce passage n'est pas là : la remarque de Blondel est modeste mais loin d'être marginale, non seulement par rapport à sa discipline, mais par rapport aussi à toute tendance critique de cette époque. Le théoricien cherche une règle, un canon prescriptif contre les dérives du libre arbitre. Et qu'est-ce que la *supposition*, forme de contrôle de la dissonance capable d'intégrer cette dernière à l'intérieur d'un discours consonant, sinon une mesure dictée par une préoccupation de nature éminemment esthétique ? Il ne s'écoulera pas beaucoup d'années avant que le procédé soit requalifié comme il se doit : en effet, dans le *Traité de l'harmonie* de 1722 Rameau explique la préparation et

183 Blondel 1683, p. 759-760. Vittone 1760, p. 368, reprend le même exemple et les mêmes calculs, en l'illustrant comme pour la base attique avec « questa assai gustosa cantilena », mais omet la référence à la « supposition ».

184 Ouvrard 1658, p. 44-46 ; voir Cohen 1971, qui le *Cours* de Blondel n'oublie pas parmi les sources de référence.

185 Brossard 1703, n. p. [õõ-iii].

la résolution mélodique de l'intervalle de septième en spécifiant que « c'est ce que l'on apelloit encore "supposition", ou "Dissonance pour le goût du Chant" ». Un demi siècle plus tard Mercadier de Belesta n'aura aucune difficulté à proposer l'équivalence des deux termes, les « notes par supposition » et les « notes de goût[186] ». Ce siècle leur est propice : les *Meditationes philosophicæ de nonnullis ad poema pertinentibus* d'Alexander Gottlieb Baumgarten, où pour la première fois s'imprime le terme *æsthetica*, datent de 1735. La quête d'Ouvrard et de ses confrères n'est-elle pas la même ? Il faudrait alors se demander pourquoi ces textes restent toujours en marge des enquêtes officielles[187].

CONCLUSION

> Chaque fois que l'on tente de décrire en quoi les idées propres à un certain domaine sont susceptibles d'exercer un impact sur un autre domaine, on court le risque de se couvrir de ridicule : en ces temps de spécialisation effrénée, trop rares sont les individus qui ont une connaissance assez approfondie de deux champs de savoir distincts pour pouvoir se permettre de parler de l'un ou de l'autre sans risquer de se ridiculiser. Les idées que je compte décrire ne sont pas neuves. Presque tout ce que je vais dire ce soir aurait pu être très facilement formulé par les philosophes du XVIIe siècle. À quoi bon se répéter ? Parce que les générations se renouvellent jour après jour. Parce que de grandes idées ont été perpétuellement élaborées tout au long de l'histoire humaine, et que ces idées ne perdurent que si elles sont transmises sciemment et clairement d'une génération à l'autre[188].

Ces paroles de Richard Phillips Feynman, Prix Nobel de physique en 1965 et fin divulgateur scientifique, résonnent ici comme un avertissement et une certification. Je souscris, modestement, aux deux. Je ne sais pas si les idées exposées ci-dessus – les miennes et celles d'Ouvrard sur l'application de la doctrine des proportions de la musique à l'architecture – sont de grandes idées : l'instinct de conservation qui devrait toujours diriger l'historien dans ses recherches, devrait aussi le préserver de ses passions. Néanmoins, la pièce unique que représente l'*Architecture harmonique* invite à s'interroger sur le poids de certaines traditions historiographiques et à

186 Rameau 1722, p. 308-320, Mercadier de Belesta 1776 ; voir : Cohen 1971, p. 77-78.

187 Mais *cf.*, pour une nouvelle approche qui non seulement intègre la théorie musicale mais en fait le point de départ : Gozza, Serravezza 2004.

188 Feynman 1998, p. 14.

reconsidérer certaines notions historiques réputées désormais acquises. On choisit de regarder tel ou tel objet depuis n'importe quelle perspective : dans son présent, depuis le passé, vers le futur. Les raisons qui poussèrent Ouvrard à s'engager dans une voie spéculative qu'il n'avait pas prévue et qu'il estimait marginale, ainsi que la séquelle de publications que son ouvrage entraîna, si seulement on prend la peine d'en suivre le cours, donnent une autre vision de la période historique et des mouvances culturelles qui le définirent. La *translatio imperii et studii ad Francos* (pour reprendre la définition de Fumaroli)[189], ne se résume pas à la « Querelle des Anciens et des Modernes » et ne se résout pas en elle : une autre dispute, une autre controverse l'anticipa, la prépara et la provoqua. Les protagonistes sont les mêmes : continuer à les exclure, eux et leurs idées, du patrimoine commun des connaissances, ferait tort non seulement à la valeur légitime des événements historiques en tant que tels, mais à notre compréhension de ces actions. C'est le sens de l'histoire qui en serait compromis. L'*Architecture harmonique* esquisse, quant à son passé et à sa nature, un tableau sensiblement différent du mariage entre la théorie musicale et la théorie architecturale, car cette union est teintée d'un spiritualisme au profil hétérodoxe (le Temple de Salomon), imprégnée de l'encyclopédisme philosophique propre à la Renaissance (l'*Hypnerotomachia Poliphili* et la tradition livresque qui en découle), dotée d'une direction précise (de l'Italie à la France), déterminée par une conception particulière (une harmonie architecturale non plus quantitative mais qualitative, basée sur l'eurythmie et non pas la symétrie), génératrice d'une liaison rhétorique entre les principes fondateurs des deux disciplines – les modes et les ordres – inédite jusque là. Tous ces éléments ont leurs signes avant-coureurs au XVIe siècle, mais trouveront leur accomplissement au XVIIe, contrairement à l'opinion courante, et perdureront pendant tout le XVIIIe. Ouvrard apporte à cette relation ses exigences et ses besoins particuliers, qu'il faut reconnaître dans leur spécificité : l'adoption du *senario* zarlinien pour démontrer une thèse irrecevable – toutes les proportions illustrées par Vitruve dans le *De architectura* ont une *ratio* harmonique – dans le but de parer au danger imminent, la théorie de Perrault ; ainsi que la conviction, démontrée empiriquement, que l'application des nombres sonores engendre l'édification concrète d'un bâtiment capable de produire et faire entendre, par sympathie, les intervalles musicaux qui le constituent. Mutation dont peut-être il ne reconnaît pas la portée, il change la nomenclature,

189 Fumaroli 1990-1991, p. 511-515.

faisant passer une mesure universelle d'essence immanente à l'état d'épiphénomène contingent : le *diapason* devient l'octave en sons réels de *do* à *Do*. La réception historiographique qui s'ensuit sera, sans exagération, désastreuse, fragilisant considérablement les études sur les rapports entre science du son et science du bâti, recherches souvent reléguées à une pure et simple correspondance linéaire dont on aura beau invoquer crédit et crédibilité, elles se trouveront toujours décontextualisées. Le discours pourrait continuer : l'héritage d'Ouvrard, ou mieux sa pensée dans les mains d'autrui, transforme l'analogie musicale de référence ontologique en syntagme sémantique. « La musique devient, pour ainsi dire, une notion périphérique, elle indique un champ, non pas une essence[190] ». La formation du langage esthétique lui en est redevable à cet égard, mais encore une fois, ce texte manque à l'appel, ainsi que la constellation qui l'entoure.

Il nous faut réévaluer les positions d'Ouvrard, sans que cela revienne à assigner à ce traité et à son auteur une place qui ne leur appartient pas : l'*Architecture harmonique* n'est pas et ne sera jamais le *Discours de la méthode*. Mais le centre passe par la périphérie, et le mélange d'anachronisme et modernité que recèle la personnalité de ce maître de musique et son œuvre est plus complexe qu'on ne pourrait le penser à première vue. Mieux : elles nous obligent à nous interroger sur des notions que l'on croyait inamovibles, et c'est peut-être là leur plus grande valeur. « Mais je ne suis pas en possession d'enchaîner, comme il le faudrait, une analyse à une extase[191] ». J'espère seulement ne pas avoir négligé l'avertissement de Feynman.

---

190 L'annotation est tirée de la plume d'Antonio Serravezza, Gozza, Serravezza 2004, p. 109 : « *Nell'uso colto si modifica il profilo semantico del termine "musica", che rinvia non più ad un'unica entità, ma ad un aggregato di entità diverse. Nel processo di risemantizzazione la musica diviene, per così dire, una nozione perimetrale, indica un campo, non una essenza [...]* » (TdA).

191 Valéry 1960, p. 96.

ILLUSTRATIONS

ILL. 1 – Sébastien Leclerc, frontispice
(Claude Perrault, *Les Dix Livres d'architecture de Vitruve. Corrigez et traduits nouvellement en François…*, Paris, 1673).

ILL. 2 – Roland Freart de Chambray, « Ordre corinthien du Temple de Salomon d'après Villalpando » (*Parallèle de l'architecture antique et moderne*, Paris, 1650, p. 71).

vna pars erit quindecim, cuius duplum episty- A lio dabis, triplum zophoro, at tantundem coronae: vel facilius, quartam partem totius, id est, digitos triginta dabis epistylio, reliquos nonaginta bifariam diuides, & alteram partem digitorum quinque & quadraginta dabis zophoro, reliquam coronae. Omnia memoria retinenda sunt ab eo, qui ea, quae dicturi sumus, cupiat percipere. Nam quamuis haec omnia ex statuta columnae crassitudine deducta sint, tamen ita sunt connexa, vt ex alia quacumque parte reliquae omnes deducantur.

Quod ad secundum ordinem, eiusque triglyphorum distributionem attinet, obseruandum est illud Vitruuij praeceptum, quod ab ipsa re- B rum natura originem trahere videtur. Quo enim altius, inquit, oculi scandit acies, non facile persecat aëris crebritatem: dilapso itaque altitudinis spatio, & viribus extrito, incertam modulorum renunciat sensibus quantitatem. Quare semper adijciendum est rationis supplementum in symmetriarum membris, vt cum fuerint in altioribus locis opera, aut etiam ipsa colossicotera, certam habeant magnitudinum rationem. Haec ille. Est autem vox colossicotera comparatiuum linguae Graecae: quod grandiora significat aedificij membra; quibus in altioribus locis constitutis tanto maiorem habeant membrorum rationem, quanto magis id obseruan- C dum est in minoribus membris, cuiusmodi sunt epistylia, de quibus ibi loquitur Vitruuius. Id autem quomodo praestandum sit, satis perspectum est ex his nostris fabricis. In quibus ex numeris sacrae Scripturae, eorumque proportionibus eam deduximus trabeationum altitudinem, quam in superiori tabula notauimus: cuius etiam partes, epistylium, zophorus, atque corona ex simili ratione, qua primi ordinis trabeatio in partes distributa est, comparabuntur. Nam si secundi ordinis atriorum trabeationem in praedicta tabula consideres, quae trabeatio est nonaginta digitorum, eamque in octo partes diuidas, singulis partibus digiti obuenient vndecim, cum quarta praeterea cubiti parte; quam si bis sumas,

Vitru. lib. 3. cap. 3.

SVPERIORA membra quomodo sint temperanda.

dabis epistylio digitos duos & viginti cum dimidio: eandem partem si ter sumas, dabis zophoro digitos tres & triginta cum tribus cubiti partibus, ac tantundem coronae.

Verum triglyphi, & metopae latitudo alia ratione inuestiganda est. nam pari ratione calamus vnus, quo ab inuicem distant centra columnarum, diuidendus est in partes tres, non duas, vt in priori ordine; eritque vna duorum cubitorum, ac totidem digitorum, quae si ad digitos reuocetur, erunt omnes simul digiti quinquaginta: quantam decet esse triglyphi cum metopa latitudinem. Hanc si in quinque distribuas partes, ex quibus duas tribuas triglyphi latitudini, habebit digitos viginti: reliquas dabis metopae, & habebit digitos triginta. Et quoniam in priori ordine obseruatum fuerat, epistylij crassitudinem latitudini triglyphi fuisse parem, & metopam zophoro, hos duos numeros cum prioribus conferes, & inuenies hos ab illis superari octaua horum parte, illorum vero nona: atque hanc esse intelliges perfectissimam rationem, vt similes habuisse superiores inferiori modulos, eorum altitudo visui renuntiet.

TRIGLYPHI secundi ordinis.

22½

33¾

20

30

Denique in tertio ordine pari ratione progrediendum est, si tamen calamum, quo ab inuicem distant columnarum centra, quem in priori ordine in duas partes secuimus, in secundo in tres, in tertio diuidamus in quatuor: tot enim triglyphi, atque metopae sunt in eo ordine distribuendi, quod si plures superponerentur ordines, in quarto fierent quinque triglyphi, & sic deinceps. Illud praeterea obseruandum est in collationibus numerorum triglyphi, & epistylij, metopae, & zophori, non esse addendam octauam partem, sed propter maiorem altitudinem, maiorem, nimirum sextam. Quae omnia & singula si persequi dicendo vellem, longior essem fortasse, quàm par esset: quapropter duas sequentes tabulas, quasi compendium eorum, quae dicenda essent, adijcere libuit; quibus perspectis facile lector poterit omnium numerorum, ac partium proportiones expendere. ac ne numeros plures addere cogeremur, omnia digitis computauimus.

TABVLA PARTIVM TRABEATIONIS.

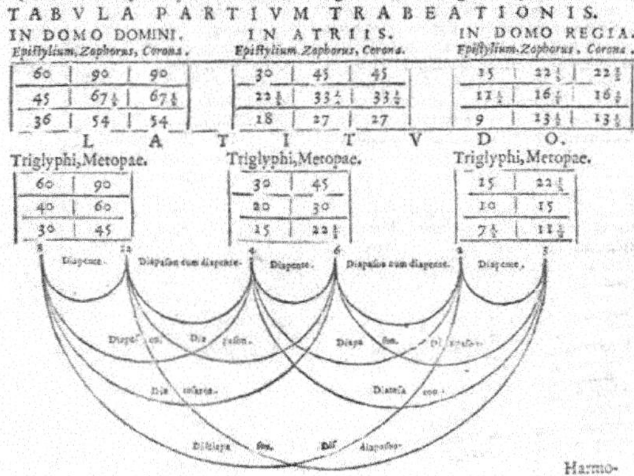

IN DOMO DOMINI.			IN ATRIIS.			IN DOMO REGIA.		
Epistylium,	*Zophorus,*	*Corona.*	*Epistylium.*	*Zophorus,*	*Corona.*	*Epistylium.*	*Zophorus,*	*Corona.*
60	90	90	30	45	45	15	22½	22½
45	67½	67½	22½	33¾	33¾	11¼	16⅞	16⅞
36	54	54	18	27	27	9	13½	13½

L A T I T V D O.

Triglyphi,	Metopae.	Triglyphi,	Metopae.	Triglyphi,	Metopae.
60	90	30	45	15	22½
40	60	20	30	10	15
30	45	15	22½	7½	11¼

Harmo-

ILL. 3 – Jerónimo de Prado, Juan Bautista Villalpando, « Tabula partium trabeationis » (*In Ezechielem explanationes et apparatus urbis ac templi hierosolymitani*, Rome, 1595-1604, t. II, V, 20, p. 449).

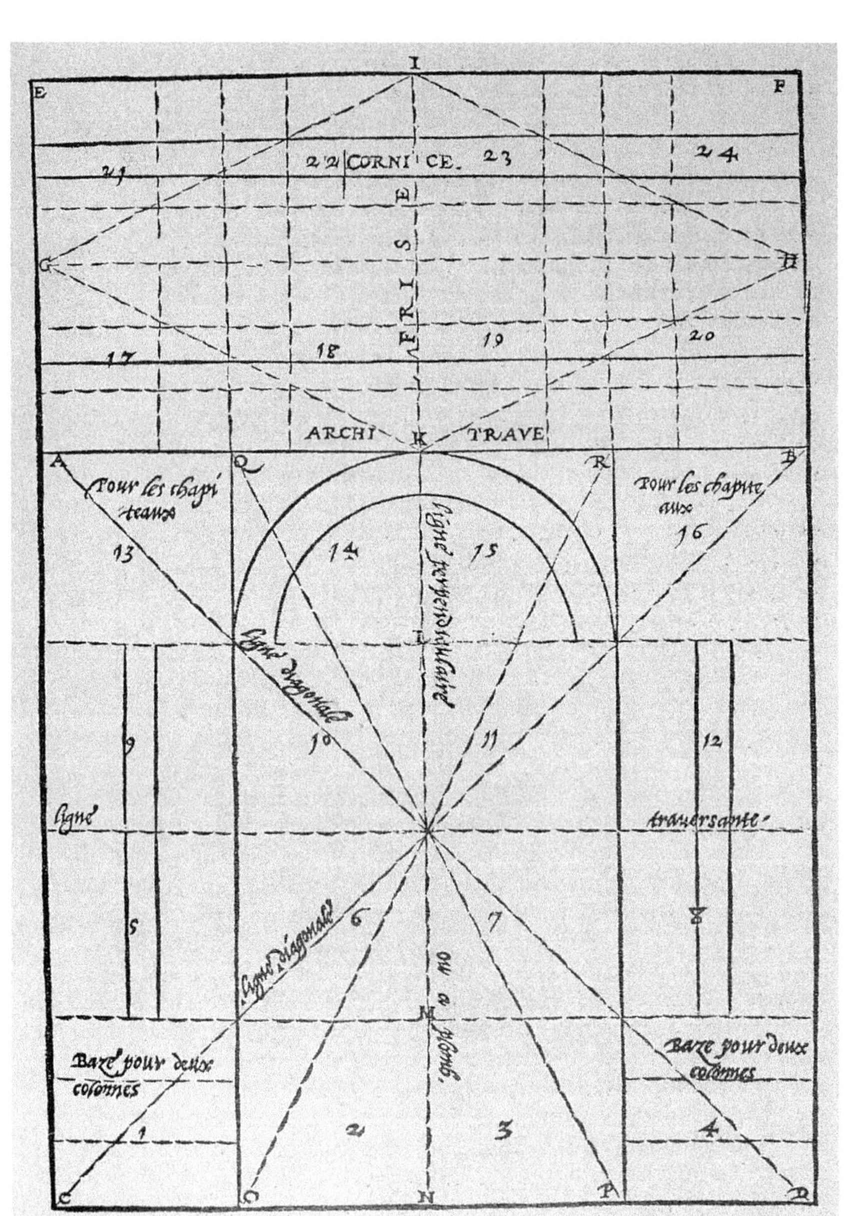

ILL. 4 – Jean Martin, « Magna Porta »
(*Discours du songe de Poliphile…*, Paris, 1546, f. 12v).

CINQUIEME PARTIE. 759

LIVRE V. CHAP. XII.

qui eſt en A *mi la*, dans lequel l'Octave entre A & *a*, (dont la raiſon eſt la même que celle de la plinthe de la baſe ou tore ſuperieur,) eſt diviſée Arithmetiquement en D *la re*, faiſant la Quarte A D en bas, (en la raiſon de la plinthe au tore ſuperieur,) & la Quinte D *a* en haut (en la raiſon du tore inferieur au tore ſuperieur) : De plus la Quinte D *a* eſt auſſi diviſée Harmoniquement en F, faiſant la Tierce mineure D F en bas, (en la raiſon du tore inferieur à la ſcotie,) & la Tierce majeure F *a* en haut, (en la raiſon de la ſcotie au tore ſuperieur.)

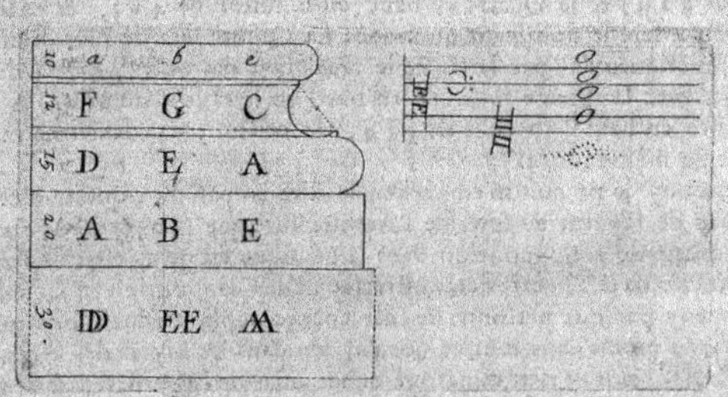

Quant aux filets qui accompagnent la ſcotie, on peut dire qu'ils font dans l'Architecture ce que les Notes *fuſes* & *ſemi fuſes* font dans la Muſique, où elles ſervent à faire des paſſages qui par leur modulation font goûter les Notes eſſentielles des accords avec plus de douceur. Si l'on mettoit un ſocle ſous la plinthe de la baſe, dont la hauteur fuſt double de celle du tore inferieur ; l'on auroit un aſſemblage de moulures en la raiſon de ces nombres 30, 20, 15, 12, 10, dont l'aſpect ſeroit agreable par la même raiſon qu'ajoutant en Muſique au mode plagal dont je viens de parler, une Note plus baſſe d'une Quinte, l'aſſemblage des ſix Notes ſeroient en la proportion des mêmes nombres & produiroient l'un de ces trois modes autentiques, ſçavoir le Phrygien de D en *d* dont la dominante eſt en A (où l'Octave eſt diviſée Harmoniquement,) & la mediante en F (où la Quinte eſt auſſi diviſée harmoniquement ;) Ou bien le Lydien de E en *e* dont la dominante eſt ♮ & la mediante en G ; ou enfin le mode Æolien de A en *a*, dont la dominante eſt en E & la mediante en C.

Les filets dans l'Architecture ſont comme les Notes *fuſes* & *ſemi fuſes* dans la Muſique.

Un ſocle ſous la baſe attique remet les parties dans les proportions d'une Octave avec la Quinte au deſſus dans un mode autentique.

C'eſt peut-eſtre par la même raiſon que la diviſion des bandes de l'architrave Ionique ſuivant ces nombres 5, 4, 3, nous ſemble belle,

Les trois bandes de l'Architrave ſont comme les ſons qui

Ffffffffff ij

ILL. 5 – François Blondel, « Suite de la même pensée » (*Cours d'architecture*, Paris, 1683, Cinquième Partie, V, ch. 12, p. 759).

C.

ODE DE PINDARE.

Premier morceau de musique ancienne.

Fig. 1.

Le Chœur qui suit se chante au son de la Cithare.

HYMNE À NÉMÉSIS.

Deuxième morceau de musique ancienne.

MARCHE DES MOUSQUETAIRES DU ROI DE FRANCE.

Fig. 3. Hautbois. Tambours.

Fig. 4. Fusées.

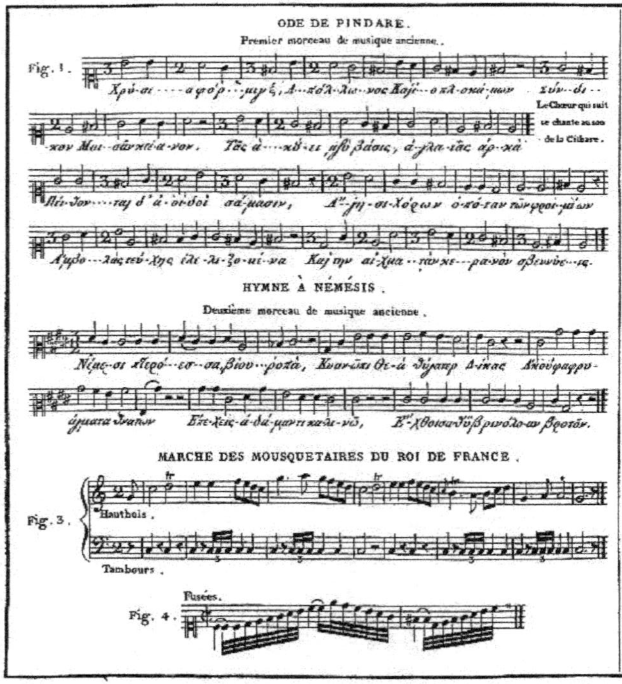

Fig. 2.

TABLE

DE TOUS LES INTERVALLES SIMPLES, PRATICABLES DANS LA MUSIQUE.

Intervalle exprimé en Notes.	Noms de l'Intervalle.	Dégrés qu'il contient	Valeur en Tons et Semi-Tons.	Rapport en nombres.
Ut ♯ — ré ♭	Seconde diminuée	1	0	375 — 384.
Si — ut	Seconde mineure	1	1 Semi Ton	15 — 16.
Ut — ré	Seconde majeure	1	1 Ton	8 — 9.
Ut — ré ♯	Seconde superflue	1	1 ½ Ton	64 — 75.
Si — ré ♭	Tierce diminuée	2	1 Ton	125 — 144.
Mi — Sol	Tierce mineure	2	1 ½ Ton	5 — 6.
Ut — mi	Tierce majeure	2	2 Tons	4 — 5.
La — la ♯	Tierce superflue	2	2 ½ Tons	96 — 125.
Ut ♯ — fa	Quarte diminuée	3	2 T.	75 — 96.
Ut — fa	Quarte juste	3	2 ½ T.	3 — 4.
Ut — fa ♯	Quarte superflue, dite Triton	3	3 T.	32 — 45.
Fa ♯ — ut	Quinte diminuée dite fausse quinte	4	3 T.	45 — 64.
Ut — sol	Quinte juste	4	3 ½ T.	2 — 3.
Ut — sol ♯	Quinte superflue	4	4 T.	6 — 25.
La ♯ — fa	Sixte diminuée	5	3 ½ T.	125 — 192.
Mi — ut	Sixte mineure	5	4 T.	5 — 8.
Sol — mi	Sixte majeure	5	4 ½ T.	3 — 5.
Ré ♭ — si	Sixte superflue	5	5 T.	72 — 125.
Ré ♯ — ut	Septième diminuée	6	4 ½ T.	75 — 128.
Mi — ré	Septième mineure	6	5 T.	5 — 9.
Ut — si	Septième majeure	6	5 ½ T.	8 — 15.
Sol ♭ — fa ♯	Septième superflue	6	6 T.	81 — 160.
Ut — ut	Octave	2	6 T.	1 — 2.

Ill. 6 – Jean-Jacques Rousseau, « Fusées » (*Dictionnaire de musique*, Paris, 1775, II, pl. C, fig. 4).

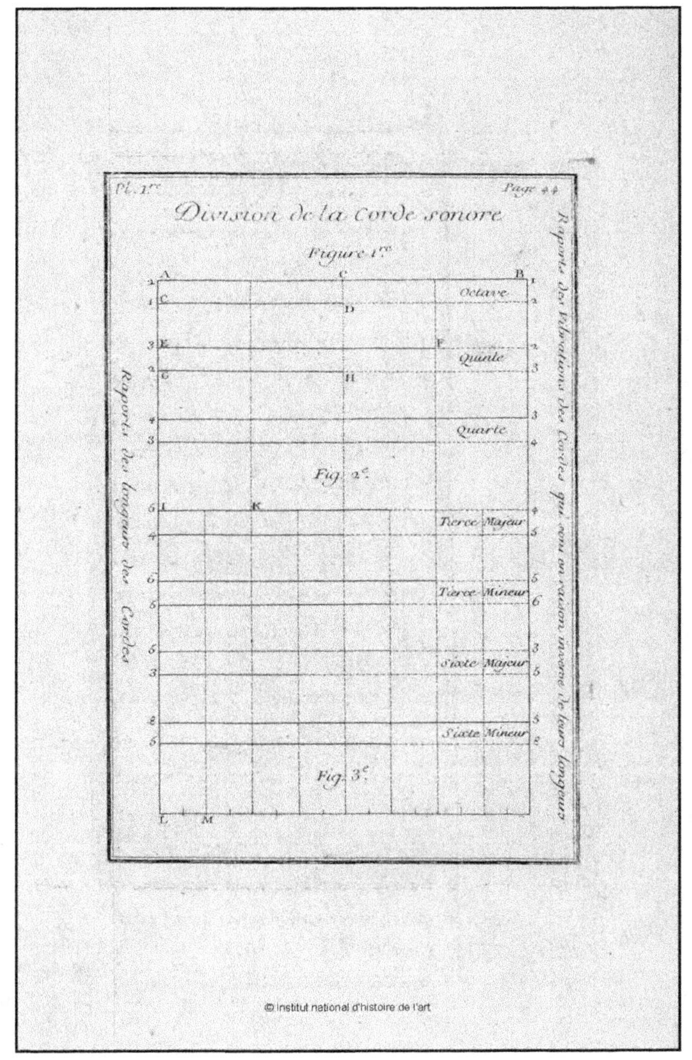

ILL. 7 – Charles-Étienne Briseux, « Division de la corde sonore » (*Traité du beau essentiel dans les arts…*, Paris, 1752, p. 54).

368 ARCHITETTURA

ſtente fra *D*, e *d*, e dinotante la proporzione, che paſſa tra il Toro ſuperiore, ed il Plinto, eſpreſſa per i numeri 10, e 20, diviſa armonicamente in *a la mi re*, in cui ſta poſta la dominante *la* del Tuono, colla quarta *re la*, rappreſentante la proporzione del Plinto al Toro inferiore, di ſopra; e la quinta *la re*, che la proporzione rappreſenta del Toro inferiore al ſuperiore, di ſotto ed eſiſtente ſopra la finale *re*; diviſa eſſa quinta aritmeticamente per il *fa*, nota corriſpodente al 12 altezza della ſcozia, in due Terze *la fa*, ſuperiore, ed eſprimente la proporzione del Toro inferiore alla Scozia; e *fa re* inferiore dinotante la proporzione, che paſſa fra eſſa ſcozia, ed il Toro ſuperiore, quella maggiore e queſta minore, ſicchè diſponendoſi in ſcala di Canto fermo le dette voci coll' ordine, che alle membra della Baſe corriſpondono, ſi troverà eſſa eſprimere queſta cantilena  ; la quale, ſiccome migliorare ſi potrebbe con divider la quinta armonicamente; ſicchè, reſtando la minore delle due Terze ſopra la maggiore, cangiato ne veniſſe il Tuono di primo in quinto, paſſando la detta cantilena in queſta aſſai più dolce, e guſtoſa  ; così penſo che ſimilmente aggiuſtando le proporzioni delle membra di detta Baſe, dando di parti 23, nelle quali diviſa ſuppongo la totale di lei altezza, 8 al Plinto, 6 al Toro inferiore, 5 alla Scozia co' ſuoi filetti, e 4 al Toro ſuperiore; ſicchè a corriſpondere eſſe membra giuſtamente veniſſero nella loro altezza alle voci di queſta ſeconda cantilena, ne diverrebbe d'eſſa Baſe ſimilmente migliore l'effetto. Giova in oltre oſſervare l'accordo delle parti medeſime di queſta Baſe fra loro unite a comporre un perfetto concerto a quattro voci, formando tra tutte quattro dentro i termini dell' ottava ſei conſonanze leggiadramente fra loro diſpoſte, cioè l'ottava tra il Plinto, ed il Toro ſuperiore, la quinta tra l'uno, e l'altro Toro, la quarta tra il Toro inferiore, e il Plinto; la ſeſta maggiore tra il Plinto, e la Scozia, e due Terze, delle quali una maggiore tra il Toro inferiore, e la Scozia, e l'altra minore tra la Scozia, ed il Toro ſuperiore.

Quanto poi ai filetti, che accompagano la ſcozia, ſi può dire, che facciano nell' Architettura ciò, che le note fuſe, e ſemifuſe fanno nella Muſica, in cui ſervono eſſe a fare dei paſſag-

Ill. 8 – Bernardo Antonio Vittone, « Osservazione IV. Della base attica » (*Istruzioni elementari per indirizzo de' giovani allo studio dell'architettura civile*, Lugano, 1760, p. 368).

ARCHITECTURE HARMONIQUE, OU APPLICATION DE LA DOCTRINE DES PROPORTIONS DE LA MUSIQUE À L'ARCHITECTURE[1]

1 Pour l'établissement du texte, la graphie, l'accentuation et la ponctuation ont été modernisées, ainsi que l'indication des rapports de proportion, où les deux points ont remplacés la préposition.

À MONSEIGNEUR COLBERT [p. 1]

Monseigneur,

Les soins que vous prenez pour l'accroissement des sciences et pour la perfection des arts, vous donnent droit sur toutes les découvertes qui s'y font ; et ceux qui s'appliquent à la recherche de ces découvertes, trouvent leur avantage dans l'obligation de vous les consacrer, puisque sans votre protection toutes leurs inventions sont en danger d'être méprisées, ou tout à fait [p. 2] négligées. Celles qui regardent l'architecture vous appartiennent à double titre, et par l'élévation où vous l'avez portée dans le temps de votre surintendance, et par le digne choix que sa Majesté a fait d'un successeur en votre famille, qui en continuant vos desseins, remplira pleinement votre attente, et passera même vos désirs. Ainsi de quelque manière que je considère, Monseigneur, le présent que je vous fais, il est à vous de droit, et par mon propre intérêt, et par celui de l'art même, à qui il donne des règles qu'il n'avait pas. Quoiqu'il soit plutôt le rétablissement d'une ancienne doctrine que l'invention d'une nouvelle, je ne crains point de dire qu'elle est préférable à beaucoup d'autres inventions, et que quand sa Majesté a proposé un prix pour celui qui inventerait un nouvel ordre d'architecture, Elle demandait moins que ce que j'apporte aujourd'hui pour perfectionner ce bel art, puisque sans la doctrine des proportions harmoniques tous les ordres d'architecture ne sont que des amas confus de pierres sans ordre et sans règle[1]. Les Anciens la possédaient et ne travaillaient que sur ses principes, comme je le fais voir par les mesures du Temple de Salomon, qui est le seul édifice de l'Antiquité dont nous avons l'entière description. Les Grecs l'ont cultivée, les Romains l'ont cherchée : les Modernes en par[p. 3]lent sans la mettre en pratique, et il n'y a plus que le hasard qui la fasse rencontrer dans le bâtiments publics. Platon, qui disait que sa république finirait quand la musique serait négligée, pouvait bien assurer (comme il faisait) que tous les arts périraient, quand on ignorerait cette

1 Ouvrard fait ici allusion au concours pour l'invention d'un sixième ordre d'architecture, français, institué par Colbert en 1671 afin de clôturer la cour carrée du Louvre, voir § *Genèse*, p. 26-29.

science qui met l'ordre et l'harmonie par tout[2]. Vous, Monseigneur, qui parmi vos grandes occupations ne laissez pas d'appliquer vos soins au rétablissement des arts et des sciences, et qui voulez par l'autorité de père que Monsieur le Surintendant des bâtiments de sa Majesté sache tout ce qu'il doit savoir pour exercer dignement sa charge[3], vous ne souffrirez pas que cette science que je vous présente, demeure plus long temps ensevelie, ou que mon peu de considération la fasse mépriser par ceux qui la pouvaient découvrir, s'ils l'avaient cherchée dans les sources où je l'ai puisée. Du moins aurais-je la satisfaction d'avoir indiqué à ceux qui viendront après nous, les moyens de remettre en sa perfection le plus nécessaire de tous les arts et d'avoir marqué à la postérité, en vous dédiant ce petit ouvrage, la passion que j'ai eu de lui être utile, et ma reconnaissance pour l'honneur que vous m'avez bien voulu faire d'approuver le dessein de mon ouvrage de musique, et de m'exhorter à le donner bientôt au public[4]. [p. 4] C'est par là que j'espère faire mieux connaître combien je suis,

Monseigneur,

Votre très humble et très obéissant serviteur, R. Ouvrard.

---

2 Platon, *République*, IV, 424 b-c.

3 Allusion aux leçons demandées par Colbert en décembre 1678 pour son fils Jules-Armand (qui assumera l'année suivante la charge de Surintendant des Bâtiments, bien que la nomination remonte à 1674), sur les proportions musicales, et qui donneront ensuite à Ouvrard l'idée d'en tirer un traité, voir § *Genèse*, p. 26, et la note suivante.

4 Il s'agit de *La musique rétablie depuis son origine*, dont il avait déjà reçu le privilège royal pour l'impression en date du 22 mars 1677, utilisé dès lors tant pour *L'art et la science des nombres* que pour l'*Architecture harmonique* ; l'approbation de Colbert est mentionnée dans la même lettre où Ouvrard note « l'espèce d'engagement », à l'origine de l'*Architecture harmonique*, *cf.* Nicaise, *Correspondance*, *À Paris le 2 Décembre 1678*, f. 60r : « [...] ensuite il m'engage aussi à penser à l'impression de mon Ouvrage de Musique dont il a bien voulu lire la Préface que vous avez veüe & qui luy a donné dit il une si grande idée de l'ouvrage ».

ARCHITECTURE HARMONIQUE, OU APPLICATION DE LA DOCTRINE DES PROPORTIONS DE LA MUSIQUE À L'ARCHITECTURE [p. 5]

Il n'y a point de précepte plus commun dans tous les arts que celui qui recommande la proportion, symétrie, convenance ou rapport, que les différentes parties d'un même corps doivent avoir ensemble, mais principalement dans l'architecture. Les maîtres de cet art n'ont pas manqué de mettre ce précepte au rang de leurs principales règles, comme a fait Vitruve dès l'entrée de son premier livre, chapitre 2, et du 3<e> livre, chap<itre> 1[1].

Néanmoins, quoiqu'ils aient dit qu'il fallait imiter la nature dans les proportions qu'elle avait si exactement observées dans la fabrique du corps humain[2], ils semblent ne les avoir regardées dans la pratique que comme arbitraires et dépendantes de la seule volonté de l'ouvrier, et nullement des principes de l'art. En effet, quand ils en ont voulu faire l'application, ils ont pris d'autres mesures, et n'ont eu aucun égard à l'harmonie des proportions.

Nous prétendons au contraire qu'il y a une telle analogie [p. <6>][3] entre les proportions de la musique et celles de l'architecture, que ce

---

1 Perrault 1673, I, 2, p. 9 : « L'Architecture consiste en cinq choses : sçavoir, l'Ordonnance, qui est appellée "Taxis" par les Grecs ; la Disposition, qui est ce qu'ils nomment "Diathesis" ; l'"Eurrythmie" ou "Proportion" ; la "Bienseance" ; & la Distribution, qui en Grec est appellée "Oeconomia" » ; III, 1, p. 53-54 : « Pour bien ordonner un édifice il faut avoir égard à la "Proportion" qui est une chose que les Architectes doivent sur tout observer exactement. Or la Proportion depend du "Rapport" que les Grecs appellent "Analogie". Ce Rapport est la "convenance de mesure" qui se trouve entre une certaine partie des membres & le reste de tout le corps de l'ouvrage, par laquelle toutes les proportions sont reglées ».

2 *Ibid.*, p. 54 : « Car jamais un Bastiment ne pourra estre bien Composé s'il n'a cette Proportion & ce Raport, & si toutes ses parties ne sont à l'égard les unes des autres ce que celles du corps d'un homme bien formé font, estant comparées ensemble [...]. Si donc la nature a tellement composé le corps de l'homme que chaque membre a une proportion avec le tout ; ce n'est pas sans raison que les anciens ont voulu que dans leurs ouvrages ce mesme rapport des parties avec le tout, se rencontrast exactement observé ».

3 Numérotée par erreur « 4 ».

qui choque l'oreille en celle-là, blesse la vue en celle-ci, et qu'un bâtiment ne peut être parfait s'il n'est dans les mêmes règles que celles de la composition ou mélange des accords de la musique[4].

Pour bien entendre cette prétention, il faut supposer ici la doctrine des proportions, établie dans le livre intitulé l'*Art et la science des nombres*, principalement dans le sixième livre de l'*Arithmetique harmonique*, dont nous allons rapporter les fondements, en faveur de ceux qui n'ont point étudié cette matière, ou de ceux qui n'y ayant point fait de réflexion, pourraient prendre notre pensée pour une pure imagination[5]. C'est à savoir que toutes les harmonies ou consonances possibles sont renfermées dans les six premiers nombres, pris selon leur valeur de proportion, et dans les multiples de ces six premiers, dont on a montré les rapports dans le 14<e> chap<itre> de ce livre VI, et fait voir que dans les onze nombres suivants, il y avait 55 harmonies ou consonances, en les comparant les uns aux autres[6] :

1, 2, 3, 4, 5, 6, 8, 10, 12, 16, 20.

C'est à dire que ces nombres ou sons, étant entendus ensemble, font une harmonie agréable, composée de cinquante-cinq accords de musique, quoiqu'il n'y ait qu'onze sons ou voix[7].

Et comme ceux qui n'ont pas ouï parler du rapport des proportions des nombres avec les sons de la musique, auraient de la peine à entendre ce que veut dire, par exemple, que l'octave est en proportion de 1:2, la quinte en proportion de 2:3, etc., nous leur disons ici en peu de mots, que ces proportions on été rendues sensibles sur l'instrument appelé monocorde, où l'on voit que la corde étant raccourcie de sa moitié, fait entendre à l'oreille un son à l'octave de celui qu'elle rendait dans toute sa longueur ; ou que mettant une partie de la même corde contre deux autres parties, elle fait l'octave ; et que les deux parties de la même corde, contre trois de ses parties font la quinte ; et qu'ainsi on a raison de dire que la proportion de l'octave est de 1:2, celle de la quinte de 2:3. De

4 Alberti 1485, IX, 5, f. y ii v : « *Hi quidem numeri per quos fiat vocum illa concinnitas auribus gratissima reddatur, hidem ipsi numeri perficiunt, ut oculi animusque voluptate mirifica compleantur. Ex musicis igitur, quibus his tales numeri exploratissimi sunt, atque ex his præterea, quibus natura aliquid de se conspicuum dignumque præstet, tota finitionis ratio perducetur* », *cf.* § *Introduction*, p. 17, n. 12, et § *Modèles*, p. 44, n. 108.

5 Ouvrard 1677, p. 101-125.

6 *Ibid.*, p. 118-119 ; la source est évidemment Zarlino 1558, voir § *Modèles*, n. 109.

7 La police des notes du schéma (caractère de 25 mm.), vient de la typographie de Jacques I de Sanlecque, comme nous apprend Guillo 2009, p. 266.

même, pour avoir la proportion de la quarte, il faut partager la corde en sept parties égales, en mettre trois d'un côté et quatre de l'autre, et les trois parties contre les quatre feront entendre la quarte, [p. 7] parce que sa proportion est de 3:4. Et si l'on veut avoir la tierce majeure dont la proportion est de 4:5, il faut partager la corde en neuf parties égales et en mettre quatre d'un côté et cinq de l'autre ; et l'on aura aussi la tierce mineure dont la proportion est de 5:6, en partageant la corde en onze parties égales, et en mettant cinq d'un côté et six de l'autre, et ainsi de tous les autres intervalles. Ceux qui n'ont pas de monocorde pour en faire l'épreuve, se doivent contenter de savoir que cette science est certaine et infaillible, et les architectes qui ne sauraient pas la doctrine des proportions, en sauront assez pour la mettre en usage quand ils auront appris qu'ils ne doivent point employer d'autres mesures qui aient du rapport les unes aux autres, que celles qui suivent, ou qui s'y peuvent réduire, comme nous dirons en la page 11. Voici donc les rapports des onze nombres précédents :

De 1:2, l'octave. 2:3, la quinte. 3:4, la quarte. 4:5, la tierce majeure. 5:6, la tierce mineure. 6:8, la quarte. 8:10, la tierce majeure. 10:12, la tierce mineure. 12:16, la quarte. 16:20, la tierce majeure.

De 1:3, la douzième ou double quinte. De 1:4, la quinzième ou double octave. De 1:5, la 17e majeure. De 1:16 [*sic*][8], la dix-neuvième ou triple quinte. De 1:8, la vingt-deuxième ou triple octave. De 1:10, la vingt-quatrième maj<eure>. De 1:12, la vingt-sixième ou quadruple quinte. De 1:16, la vingt-neuvième ou quadruple octave. De 1:20, la trente-et-unième majeure ou tierce au-dessus de la quadruple octave.

De 2:4, l'octave. De 2:5, la dixième majeure. De 2:6, la douzième. De 2:8, la quinzième. De 2:10, la dix-septième majeure. De 2:12, la dix-neuvième. De 2:16, la vingt-deuxième. De 2:20, la vingt-quatrième majeure.

De 3:5, la sixième majeure. De 3:6, l'octave. De 3:8, l'onzième. De 3:10, la treizième majeure. De 3:12, la quinzième. De 3:16, la dix-huitième. De 3:20, la vingtième majeure.

De 4:6, la quinte. De 4:8, l'octave. De 4:10, la dixième majeure. De 4:12, la douzième. De 4:16, la quinzième. De 4:20, la dix-septième majeure.

De 5:8, la sixte mineure. De 5:10, l'octave. De 5:12, la dixième mineure. De 5:16, la treizième mineure. De 5:20, la quinzième.

8 Coquille typographique : il s'agit naturellement d'1 à 6 ; Ouvrard rectifiera lui-même quelques pages plus loin, voir *infra*, n. 50.

[p. 8]

De 6:8, la quarte. De 6:10, la sixte majeure. De 6:12, l'oct<ave>. De 6:16, l'onzième. De 6:20, la treizième majeure.

De 8:10, la tierce majeure. De 8:12, la quinte. De 8:16, l'octave. De 8:20, la dixième majeure.

De 10:12, la tierce mineure. De 10:16, la sixte mineure. De 10:20, l'octave.

De 12:16, la quarte. De 12:30, la sixte majeure.

De 16:20, la tierce majeure.

Et si l'on veut continuer à l'infini les multiples doubles de ces premiers, on aura toutes les consonances possibles.

Ces proportions se notent ainsi en musique, et étant chantées ensemble ou jouées sur un instrument, on entendra 55 harmonies tout à la fois.

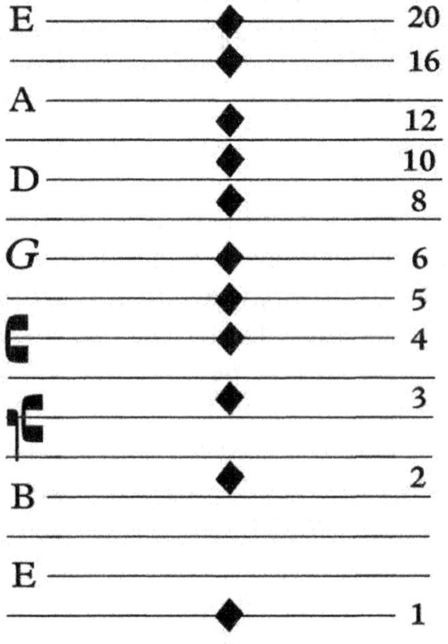

E 20
16
A 12
10
D 8
G 6
5
4
3
2
B
E
1

[Fig. 9 – Table des intervalles musicaux.
Élaboration : Vincent Bosson.]

[p. 9]

Et comme dans la musique tous les sons qui ne sont pas dans ces proportions, ou qui n'ont pas ces rapports, sont désagréables à l'oreille et l'offensent, nous prétendons aussi que dans l'architecture toutes les dimensions ou mesures qui ne seront pas dans ces proportions, ou qui n'auront pas ces convenances, choqueront la vue et ne feront aucun agrément. Ce qu'il y a de différence, c'est que les proportions de la musique consistent tellement dans un point indivisible, que sur le monocorde l'épaisseur d'un cheveu qui manquerait à la justesse du son harmonieux se fait sentir, au lieu que la vue n'est pas si subtile pour apercevoir les petits défauts des proportions, et que l'accoutumance d'en voir peu de régulières rend supportables celles qui ne le sont pas[9].

Pour faire la comparaison entière du sentiment de ces deux sens en cette matière, il faut savoir que comme dans la musique il n'y a que les sons qui frappent ensemble, ou qu'on entend dans le même moment, qui doivent s'accorder et faire harmonie les uns avec les autres – et non pas avec ceux qui se succèdent, ou qui ne s'entendent pas à même temps –, de même dans l'architecture il n'y a que ce qui se présente à la vue dans le même temps qui doive avoir ces proportions. Par exemple, les croisées ou fenêtres de la face d'un bâtiment, la hauteur et la largeur de la même face, ou du moins de chaque étage.

Toutefois, comme la vue embrasse beaucoup plus de choses à même temps que ne peut faire l'ouïe, et qu'elle peut apercevoir tout d'un coup toutes les parties d'une même face de bâtiment, si toutes ces parties pouvaient ensemble avoir leurs proportions dans les rapports que nous avons dit faire harmonie, la beauté en serait charmante et se ferait sentir.

Quoi qu'il en soit, il est nécessaire que la hauteur et la largeur d'une même partie ait sa proportion harmonique (c'est-à-dire l'une de celles que nous avons rapportées ci-dessus). Et si, comme nous venons de dire, toutes les parties qui se présentent ensemble à la vue peuvent avoir des proportions consonantes, quoiqu'il n'y ait point d'autre ornement, la vue sentira des charmes qui pourront même être repré[p. 10]sentés à l'ouïe, comme nous l'allons voir dans l'exemple d'un bâtiment élevé sur une arcade avec toutes ces proportions harmoniques.

9 L'utilisation du terme « accoutumance », qu'Ouvrard utilise ici pour la première fois, renvoie directement à la polémique avec Perrault, qui à son tour reprendra l'exemple du monocorde ici exposé pour démentir l'analogie entre musique et architecture, voir § *Interlocuteurs*, p. 30-32.

PREMIER EXEMPLE.

La face du bâtiment, depuis le pied de l'arcade jusques en haut, a 32 pieds de hauteur et 24 de large. Ainsi sa hauteur avec sa largeur est de 3:4.

L'arcade a 10 pieds de haut et 8 de large : sa proportion est donc de 5:4.

L'étage est de 16 pieds de haut et de 24 de large, en proportion de 2:3.

Il y a une croisée au milieu et deux demi-croisées aux extrémités : la croisée entière a 12 pieds de haut et 6 de large, en proportion de 2:1.

Les deux demi-croisées ont chacune 12 pieds de haut et 3 de large, en proportion d'1 à 4, et avec la hauteur en proportion de 1:1, et avec la largeur de la croisée de 1:2.

Aux extrémités des deux demi-croisées, 2 pieds : entre les croisées, 4 pieds de chaque côté, en proportion de 2:1.

Ce bâtiment a donc des harmonies : 2, 3, 4, 6, 8, 10, 12, 16, 24, 32, qui feraient en musique ces accords, *Ut*, *Sol*, *Ut* ^{2}, *Sol* ^{3}, *Ut* ^{3}, *Sol* ^{3}, *Ut* ^{4}, *Sol* ^{4}, *Ut* ^{5}. Ou plutôt, comme les plus grandes longueurs des tuyaux ou des cordes font les sons les plus bas, en retranchant le nombre 32, on aura dans cet ordre ces proportions : 24, 16, 12, 10, 8, 6, 4, 3, 2, qui feront en musique ces sons, *Ré*, *La*, *Ré* ^{2}, *Fa* ^{2}, *La* ^{2}, *Ré* ^{3}, *La* ^{3}, *Ré* ^{4}, *La* ^{4}[10].

Et pour les faire entendre à l'ouïe, comme on les représente à la vue, on pourrait creuser le bois des croisées en façon de tuyaux d'orgue et mettre aux extrémités des espèces de gouttières ouvertes suivant ces proportions par un ordre renversé, en mettant l'*Ut* au 32 pieds et les autres accord à proportion. Et comme cette maison est exposée au grand air, on ne manquerait pas d'entendre ces harmonies quand le vent soufflerait dans ces tuyaux, ou étant reçues dans un porte-vent semblable à celui des orgues et porté aux bras ou meneaux des croisées. Comme il faudrait [p. 11] trop de vent pour un tuyau de 32 pieds, et même de 16, il suffira d'en fournir les tuyaux de 12, de 8, de 6, de 4, de 3 pieds, de 28 pouces et quatre-cinquièmes de pouces, et de 2 pieds. Ce qui fera ces harmonies : *Ut*, *Sol*, *Ut* ^{2}, *Sol* ^{2}, *Ut* ^{3}, *Mi* ^{3}, *Sol* ^{3}. Cette harmonie est

10 Sur le renversement majeur > mineur, et sur la notion de « plaisir » acoustique qui est sous-entendu, voir § *Modèles*, p. 47. Il est intéressant de noter qu'Ouvrard, en choisissant le numéro 32 comme référence proportionnelle, renvoie directement à la longueur, mesurée en « pied » (ancienne unité de mesure équivalente à 0.3248 m.), du tuyau le plus long de l'orgue, qui reproduisait le *Do* le plus grave du pédalier.

plus agréable que la précédente à cause de la tierce majeure, qui est à celle-ci *Ut*, *Mi*, *Sol*, au lieu de la mineure qui est en celle-là *Ré*, *Fa*, *La*.

Quand nous avons dit que l'harmonie consistait dans le rapport des six premiers nombres et de leurs multiples doubles, il le faut entendre aussi des autres nombres qui y peuvent être rappelés par réduction. Par exemple : 9, 18, 27, 36, 45, 54, 72, qui ne se rencontrent point dans la composition des six premiers, sont néanmoins la même chose par réduction que 1, 2, 3, 4, 5, 6, 8, par leur commune mesure qui est 9. Ainsi un ouvrage, tel qu'est la nouvelle porte de ville rue Saint-Martin, qui a 54 pieds de face, avec une ouverture de 18 pieds de largeur, accompagnée de deux autres de 9 pieds, a ces proportions : 1:1, qui est l'unisson en musique, 1:2, qui fait l'octave, 2:6, ou par réduction 1:3, qui fait la douzième ou double quinte[11].

Mais il y a un secret en musique expliqué dans l<e> 11<e> chap<itre> du 6<e> livre de l'*Art et science des nombres* qui fait un merveilleux effet dans l'architecture[12]. C'est qu'encore qu'il y ait proportion harmonique entre des nombres, ou sons, néanmoins il faut que ces sons puissent être entonnés par une seule voix, sans faire des intervalles trop éloignés. Or la voix ne peut jamais faire un intervalle plus grand que celui de l'octave. Et la nature des nombres a découvert ce secret sur ce principe, qu'il n'y avait aucun intervalle qui pût être entonné que ceux qui se rencontreraient dans les nombres contigus, et non interrompus, et que le moyen de mettre en chant les nombres interrompus était de placer les nombres harmoniques qui se trouvaient entre deux. Par exemple, 1:3, qui font en musique la douzième ou double quinte (qui est un intervalle qui ne peut être entonné par une voix, à cause du trop grand éloignement qui passe l'intervalle de l'octave, bien qu'il soit harmonique comme nous l'avons vu), se pourra entonner en mettant le nombre d'entre deux 1, 2, 3, qui fait en musique [p. 12] l'octave de 1:2, et la quinte de 2:3. Ainsi dans l'architecture la distance de 18 à 54, qui fait l'intervalle en musique de la douzième en proportion de 1:3, a besoin d'une mesure moyenne entre deux qui sera 36, pour faire à la vue une

11 La porte de la rue Saint-Martin avait été construite en 1674 par l'architecte Pierre Bullet (1639-1716), que Quatremère de Quincy veut élève de Blondel : si les deux avaient publié ensemble le *Plan de Paris* en 1676, il en reste que le directeur de l'Académie d'Architecture, dans le XIIe chapitre de son *Cours* dédié aux *Ouvrages publiques de Paris*, détaillera les dimensions des portes Saint-Antoine, Saint-Bernard et Saint-Denis, mais ne nommera point l'œuvre de son confrère.

12 Ouvrard 1677, p. 115 ; il s'agit du chapitre intitulé « Per compositionem rationum intervalla cantui inepta redduntur apta », où Ouvrard explique la façon de chanter les grands intervalles grâce à l'application d'une moyenne proportionnelle.

distance agréable et dont la proportion ne soit pas trop éloignée. Et si l'on veut faire sur ce fondement un arc de triomphe, ou même une porte de ville qui ait toutes ses harmonies, on y fera rencontrer ces proportions 9, 18, 27, 36, 45, 54, c'est-à-dire 1, 2, 3, 4, 5, 6, qui font en musique tout ce qu'il y a d'harmonie : *Ut*, *Ut*^{2}, *Sol*^{2}, *Ut*^{3}, *Mi*^{3}, *Sol*^{3}. Et si l'on a besoin de plus grandes mesures on ira jusqu'à 72, en passant 63, qui est un intervalle discordant.

Les Anciens suivaient assurément ces règles en leurs édifices.

SECOND EXEMPLE.

Ainsi le Temple de Salomon fut bâti harmoniquement. Il avait, dit l'Écriture Sainte, soixante coudées de long, vingt de large et trente de haut. Et cela faisait en musique l'octave et la quinte par dessus l'octave, en ces nombres 1, 2, 3[13]. Josèph<e> dit qu'il avait 60 coudées de haut, et que sur ce premier édifice du temple, il y en avait un autre de pareille mesure, en sorte que toute la hauteur était de 120 coudées[14]. Or comme chaque coudée vaut un pied et demi, les 120 coudées valent 180 pieds ou 30 toises, qui est la hauteur des tours de Notre-Dame de Paris. Le portique qui était devant le temple faisait encore harmonie avec les mesures du temple, puisqu'il avait vingt coudées de long, dix de large et six vingt de haut. Ce qui faisait l'unisson d'un côté de 20:20, l'octave de l'autre de 10:20, la douzième de 10:30, la quinte de 20:30, la douzième de 20:60, et la dix-neuvième ou quinte pardessus, la quinzième ou double octave de 10:60, l'octave de 60:120, la quinzième ou double octave de 30:120, la dix-neuvième de 20:120, la vingt-sixième ou quinte pardessus la troisième octave de 10:120. L'oracle aussi était dans les mêmes proportions ; et les chérubins en leur hauteur, de 10 coudées, et dans l'étendue de leurs aile, de 5 coudées, faisaient de nouvelles har[p. 13] monies avec les premières : l'octave de 5:10, la quinzième de 5:20, la dix-neuvième de 5:30, la vingt-sixième de 5:60, la trente-troisième, ou quinte pardessus la quatrième octave, de 5:120. Le grand autel d'airain avait aussi ses proportions harmoniques, de 20 coudées de long, autant

13 Bible, Livre des Rois, 6.

14 Flavius Josèphe, *Antiquités judaïques*, VIII, 3. Ouvrard avait peut-être consulté l'édition d'Arnauld d'Andilly publiée quelques années auparavant (d'Andilly 1667), ouvrage qui connut un succès considérable, compte tenu des nombreuses éditions qui suivirent.

de large et dix de haut. Le grand bassin rond, appelé la Mer, avait trente coudées de tour, dix de diamètre et cinq de profondeur. De sorte que l'autel et le bassin, étant d'airain et ayant ces proportions, pouvaient résonner harmoniquement. Et comme ces proportions étaient d'accord avec celles du temple et du sanctuaire, et que Salomon était trop savant en musique pour n'avoir pas mis les trompettes des prêtres et les divers instruments des Lévites sur le même ton du bâtiment, de l'autel et du bassin, non seulement on entendait une harmonie parfaite par cette résonnance, mais tout l'édifice était ébranlé et faisait un bourdonnement et frémissement agréable, tel que celui qu'on entend dans les voûtes des degrés, lorsqu'on sait prendre leur ton. Nous voyons un exemple sensible de ce pouvoir de résonnance sur les pierres mêmes, dans un pilier en arcade de l'église de Tours, qui tremble à vue d'œil et se remue dans l'espace de plus de demi-pied, au son d'une certaine cloche, et demeure immobile au son de toutes les autres, quoique plus proches de lui et plus grosses que celle qui le fait trembler. Ce qui fait voir que non seulement tout un bâtiment étant proportionné, mais chaque partie séparément, a son ton particulier prêt à répondre aux voix ou instruments qui seront dans la même proportion[15].

Sur le modèle de ces proportions harmoniques on peut examiner les anciens et nouveaux bâtiments, églises, chapelles, arcs de triomphe, portaux, portes, croisées et fenêtres, et l'on verra que ceux qui ne sont pas dans ces règles choquent la vue, les uns plus sensiblement, les autres moins ; et qu'au contraire, ceux en qui par hasard se rencontreront ces proportions, ont des beautés qu'on sent en les regardant. Je dis par hasard, car nous savons que la plupart des architectes ne se déterminent à telle ou telle hauteur ou largeur que parce qu'ils ont pris leur modèle sur d'autres [p. 14] bâtiments qu'ils ont cru bien réguliers, ou parce que l'espace du lieu les y a déterminés, ou même la fantaisie[16].

Néanmoins, sa Majesté faisant refleurir les arts en son royaume et surtout l'architecture, sous la direction du plus éclairé surintendant de ses bâtiments qui ait jamais occupé cette charge, il y a lieu d'espérer qu'au lieu qu'on n'avait point de règle fixe et certaine, faute de cette

15 Ouvrard, qui a besoin de justifier empiriquement l'application concrète des nombres sonores, reprend ici la même expérience relatée dans son *La musique rétablie* (ms. 822, f. 120r), où il démontre le phénomène de la « sympathie » sonore. Voir § *Modèles*, p. 47, n. 118.

16 Encore une fois, comme c'était le cas précédemment pour « accoutumance » (voir *supra*, n. 14), le renvoi au hasard, aux choix des architectes et à la fantaisie, vise essentiellement Perrault, qui avait déjà affirmé, dans son *Abrégé des dix livres d'architecture*, exactement en ces termes, le fondement arbitraire du statut des proportions architecturales. Voir § *Genèse*, p. 29, n. 54.

doctrine des proportions, on travaillera désormais sur des principes inébranlables. On remettra sur pied l'ancienne architecture des Grecs, dont nous n'avons que les noms des ordres et dont les proportions se sont perdues par l'ignorance de la musique, que Vitruve jugeait absolument nécessaire à l'architecte[17].

Quoiqu'on ait préparé pour le public un traité des proportions, où cette matière sera amplement expliquée[18], cet essai pourra suffire pour exciter la curiosité des savants et les porter à regarder cette doctrine des proportions harmoniques comme l'âme de tous les ordres d'architecture.

---

17 En réalité, Vitruve (I, 1, 15-17) cite la musique comme une connaissance nécessaire à l'architecte dans une perspective érudite, à l'instar de la géométrie, de l'optique, de l'arithmétique, de l'histoire, de la médecine, de la jurisprudence et de l'astronomie, conscient « qu'un Medecin & un Musicien peuvent bien parler par exemple de la proportion des mouvemens de l'Artere dont le Poux est composé, & de ceux des pieds qui font les pas de la Danse ; Mais s'il est question de guerir une playe, ou quelque autre maladie, on ne s'en fiera pas au Musicien, mais on y appellera le Medecin [...]. Tout de mesme bien que les Astrologues aussi bien que les Musiciens puissent raisonner sur les symphaties des Etoilles & sur cella des consonances [...] neanmoins s'il est necessaire de venir à la pratique exacte de ces choses-là, il faudra que chacun traite de celle où il s'est particulierement exercé » (Perrault 1673, I, 1, p. 7-8). Pour Vitruve la musique ne sert qu'à « bander comme il faut les machines de guerre », à disposer les « vases d'arain » pour améliorer l'acoustique des théâtres, et à construire convenablement les instruments de musique : pour lui, tout au long de son ouvrage, jamais il n'est question de la science musicale comme opérateur conceptuelle de la méthode de projet. Voir § *Introduction*, p. 17, et § *Modèles*, p. 51, n. 133.

18 Il s'agit de la *Musique rétablie*, dont l'*Architecture harmonique* devait constituer un des chapitres. Voir § *Genèse*, p. 26, n. 45.

ADDITION À L'*ARCHITECTURE HARMONIQUE* [p. 15]

Je croyais m'être bien expliqué dans l'écrit précédent sur le mariage de la musique avec l'architecture, en sorte que personne ne pourrait plus douter que notre âme, qui est aussi bien harmonique dans ses yeux que dans ses oreilles, serait satisfaite dans sa vue par les mêmes harmonies qui contentent son ouïe. Je craignais même qu'on ne m'accusât de m'être trop défié de l'intelligence de mes lecteurs, parce que je m'étais beaucoup étendu sur le rapport des proportions des nombres avec les sons de la musique, et que je devais supposer que tous les savants à qui je parlais, connaissaient aussi bien que moi ces rapports et savaient assez d'arithmétique, de musique et d'architecture, pour en pouvoir aisément et d'eux-mêmes faire l'application. Cependant il est arrivé que de tous ceux à qui j'en ai donné ou fait donner, et qui passent pour savants chacun en sa profession, les uns ont avoué ne savoir ni architecture, ni musique, ni n'avoir jamais fait de réflexion sur le rapport des nombres avec les sons. D'autres, qui savent l'architecture et les proportions, n'ont pas assez compris l'analogie des sons avec les mesures de l'architecture, parce que n'ayant point vu de monocorde ils ont peine à concevoir que les sons se mesurent par longueur. La plupart des architectes ont reconnu qu'il fallait observer quelques-unes de ces proportions dans les bâtiments, mais il ne croient pas qu'il soit possible de s'y assujettir pour toujours, en sorte que tous les membres d'un bâtiment aient entre eux ces proportions, parce qu'il faut s'accommoder à la commodité des lieux et rompre ainsi cette harmonie que cherche notre âme en tous ses sens[1]. En effet, disent-ils, Vitruve, qui est devenu le grand maître de l'architecture depuis que M. Perrault l'a fait parler français[2] [p. 16]

1 C'est en des termes semblables que s'exprimeront les membres de l'Académie d'Architecture, qui maintiendra une décennie plus tard ce même avis : « à la vérité les distributions s'accordent bien avec ces nombres, mais qu'il y a plusieurs bastimens antiques, de ceux que l'on a estimé, dont la distribution ne s'accorde pas précisément avec cette proportion harmonique ». Voir § *Réception*, p. 54, n. 144.

2 Perrault 1673.

et rendu intelligible par ses doctes remarques, n'a jamais fait mention de ces proportions harmoniques, a donné des mesures qui semblent contraires, et a posé pour principe que pour s'accommoder aux lieux il fallait changer les proportions qu'il avait prescrites ; qu'ainsi les proportions étant arbitraires, cette prétendue beauté qui résulte du charme des proportions harmoniques, ne pouvait être qu'imaginaire[3]. D'autres enfin, étant persuadés de la vérité de ma proposition et de l'utilité qui en doit revenir au public, ont désiré de moi que j'en convainquisse les autres par l'autorité même de Vitruve, que je leur assurais avoir été dans les mêmes sentiments. C'est ce qui m'a obligé de faire cette addition, pour faire voir que, soit que Vitruve eût puisé la doctrine des proportions qu'il a répandue en ses livres, ou dans les ouvrages des Grecs, ou dans les monuments de l'Antiquité qui subsistaient encore de son temps, soit que la beauté qui a son fondement dans la nature se présente d'elle-même et se fasse sentir à ceux qui ont le bon goût, soit qu'il eût assez de génie pour trouver lui-même le beau de son art, ou que l'expérience d'une longue pratique le lui eût fait rencontrer, toutes les proportions qu'il a prescrites sont toutes harmoniques, quoiqu'il ne leur ait pas donné ce nom, ou que peut-être il n'en sût pas la qualité[4]. Nous prenons ici ces termes de proportions harmoniques pour des distances ou intervalles qui, étant réduites en sons, font des harmonies ou consonances en musique. Nous allons donc voir que Vitruve, ayant proposé pour modèle des proportions qu'on doit observer dans les bâtiments les proportions du corps humain, qui sont harmoniques telles qu'il les rapporte, il a ensuite marqué, conformément à ce modèle, toutes celles qu'il fallait observer en toutes sortes d'édifices grands et petits, publics et particuliers. À cet effet, nous avons fait des extraits de toutes les mesures qu'il a données dans ses livres, que nous montrerons ensuite être harmoniques. Nous ne rapporterons pas celles des colonnes, ni de

3 Perrault 1673, VI, 2, p. 194 : « Je ne crois pas que l'on doive douter qu'il ne soit necessaire d'ajoûter ou de diminuer en changeant les proportions, quand la nature des lieux le demande, pourveu que l'on ne touche point aux choses essentielles ; Et c'est à cela que l'esprit & la doctrine sont fort necessaires. Il faut donc en premier lieu establir une regle de la proportion afin de voir precisément de combien on s'en peut departir [...] » ; en qualifiant ici les proportions d'« arbitraires », il est clair qu'Ouvrard cible encore une fois Perrault, qui dans son commentaire à Vitruve nie le fondement physiologique, visuel, qui préside au besoin du changement des proportions.

4 « Bon goust, génie, experience d'une longue pratique » : le vocabulaire adopté vise une fois de plus directement Perrault ; quant aux conséquences de la prescription « harmonique » de toute sorte des proportions relatées par Vitruve. Voir § *Modèles*, p. 44-45.

leurs piédestaux, ni de leurs ornements, entablement ou couronnement[5]. Nous considérons leur hauteur par l'étendue depuis [p. 17] leur piédestal, si elles en ont, jusqu'à la corniche ; ou si l'on ne la veut prendre que jusqu'à leur chapiteau, on fera une autre grandeur de leur entablement qui est composé de l'architrave, de la frise et de la corniche, qui devra avoir sa mesure avec la colonne entière en proportions harmonique. Nous ne regarderons aussi les entrecolonnements que comme nous ferions des croisées ou fenêtres, qui doivent de même avoir leurs proportions harmoniques avec la hauteur des colonnes.

En faisant voir ainsi que notre doctrine est la même que celle de Vitruve, on jugera bien que nous quittons volontiers la gloire de l'invention, pour nous contenter de celle du rétablissement d'une ancienne doctrine, que nous céderons encore de bon cœur à ceux qui la mettront en pratique. Nous espérons que les architectes, n'ayant plus rien à désirer pour la perfection de leur art, reconnaîtront pour l'utilité du public les avantages de cette doctrine, qui leur donne des règles fixes et certaines pour les mesures de leurs édifices (dont la place étant assignée et l'ordre déterminé, la disposition de chaque membre sera facile), qui les délivrera de la contradiction de leurs émules, qui les exemptera de la dépense des modèles, et fera que l'architecture ne dépendra plus du caprice ou de la jalousie des maîtres, qui ne sont jamais convenus de la beauté d'un ouvrage où ils n'auront point eu part, faute de règles pour en être convaincus[6].

Nous espérons aussi que non seulement les architectes, les peintres et les sculpteurs qui y ont intérêt, mais tous les curieux se rendront savants dans la science des proportions et du rapport des nombres avec les sons, après que nous l'avons rendue si facile que la seule lecture de cet écrit suffit pour leur en procurer l'avantage.

Après les extraits, nous enseignerons ce que n'a pas fait Vitruve : le moyen de changer les proportions selon l'étendue des lieux plus grands ou moindres, et nous croirons avoir ainsi satisfait pleinement à ce que nous avons promis, pour l'entière perfection de cet art.

---

5 Pour les raisons qui poussèrent Ouvrard à ce choix partiel, voir § *Réception*, p. 56.

6 Encore une fois, derrière ces mots, on peut voir l'énième critique au concept d'accoutumance de Perrault, en gestation pendant la traduction de Vitruve, et pleinement accompli dans les pages de l'*Ordonnance* ; la lecture de la *Préface* de ce traité est en ce sens éclairant, voir par exemple Perrault 1683, p. X : « [...] De maniere que ceux qui les premiers ont inventé ces proportions, n'ayant gueres eu d'autre regle que leurs fantaisie, à mesure que cette fantaisie a changé, on a introduit de nouvelles proportions qui ont aussi plû à leur tour ». Sur l'*Ordonnance*, voir Lemerle 2006.

EXTRAITS DE VITRUVE TOUCHANT LES PROPORTIONS DES BÂTIMENTS, PAR RAPPORT AUX PROPORTIONS DE LA MUSIQUE[1]

[p. 18]

Des proportions des bâtiments par rapport à celles du corps humain

VITRUVE.

« Pour bien ordonner un édifice, il faut avoir égard à la proportion qui est une chose que les architectes doivent surtout observer exactement. Or la proportion dépend du rapport que les Grecs appellent analogie. Ce rapport est la convenance de mesure (*commodulatio*) qui se trouve entre une certaine partie de membres et le reste de tout le corps de l'ouvrage, par laquelle toutes les proportions sont réglées. CAR JAMAIS UN BÂTIMENT NE POURRA ÊTRE BIEN COMPOSÉ S'IL N'A CETTE PROPORTION ET CE RAPPORT, et si toutes ses parties ne sont à l'égard les unes des autres, ce que celles du corps d'un homme bien formé sont, étant comparées ensemble.

Liv. III, ch. 1.

Le corps humain a naturellement et ordinairement cette proportion que le visage qui comprends l'espace qu'il y a du menton jusqu'au haut du front où est la racine des cheveux, en est la dixième partie ; la même longueur est depuis le pli du poignet jusqu'à l'extrémité du doigt qui est au milieu de la main. Toute la tête qui comprend ce qui est depuis le menton jusqu'au sommet, est la huitième partie de tout le corps ; la même mesure est depuis l'extrémité inférieure du col par derrière. Il y a depuis le haut de la poitrine jusqu'à la racine des cheveux une sixième

Nombres harmoniques 1:10.

8, 6.

---

1 Ouvrard suit mot à mot la traduction de Perrault publiée en 1673, la seule disponible (les variantes seront signalées à la suite).

4,3 partie, et [p. 19] jusqu'au sommet une quatrième. La troisième partie du
visage est depuis le haut du menton jusqu'au dessous du nez ; il y en a
autant depuis le dessous du nez jusqu'aux sourcils, et autant encore de
là jusqu'à la racine des cheveux qui termine le front. Le pied a la sixième
partie de la hauteur de tout le corps ; le coude la quatrième, de même que
la poitrine. Les autres parties ont chacune leurs mesures et proportions
sur lesquelles les excellents peintres et sculpteurs de l'Antiquité qu'on
estime tant, se sont toujours réglés. Et il faut aussi que les parties qui
composent un temple aient chacune une correspondance convenable avec
1:2. le tout. Le centre du corps est naturellement au nombril (qui le partage
ainsi en deux moitiés égales). Si donc la nature a tellement composé le
corps de l'homme que chaque membre a une proportion avec le tout, ce
n'est pas sans raison que les Anciens ont voulu que dans leurs ouvrages
ce même rapport des parties avec le tout, se rencontrât exactement
observé. Mais entre tous les ouvrages dont ils ont réglé les mesures, ils
ont principalement eu soin des temples des dieux, dans lesquels ce qu'il
y a de bien ou de mal fait, est exposé au jugement de toute l'éternité. »

APPLICATION.

Les proportions du corps humain, et qui doivent être celles des grands édifices, sont dans ces nombres 1, 2, 3, 4, 6, 8, 10, qui font en musique ces harmonies, ou sons : *Ut*, *Ut*^{2}, *Sol*^{2}, *Ut*^{3}, *Sol*^{3}, *Ut*^{4}, *Mi*^{4}. C'est-à-dire l'octave exprimée par l'*Ut* second ; la double quinte exprimée par le *Sol* second ; la 15, ou double octave, *Ut* troisième ; la triple quinte, *Sol* troisième ; la triple octave, ou 22, *Ut* quatrième ; la 24 majeure ou tierce majeure par dessus la triple octave, *Mi* quatrième. Ce qui étant chanté ensemble rend toutes les harmonies de la musique en même temps, comme un bâtiment construit dans ces proportions représenterait à la vue en même temps tous les agréments qu'elle peut désirer.

De la proportion des temples, places publiques, basiliques, hôtel de ville, théâtres, bains, maisons des particuliers, vestibules, ailes ou galeries, cabinets, salles à manger, tant des Romains, que des Grecs. [p. 20]

VITRUVE.

« La proportion d'un TEMPLE doit être telle que la largeur soit la Liv. III,
moitié de sa longueur, et que le dedans du temple comprenant la muraille ch. 2.[2] 2:1.
où est la porte, soit plus long d'une quatrième partie qu'il n'est large. » 5:4.

« La grandeur des PLACES PUBLIQUES doit être proportionnée au Liv. V,
nombre du peuple. La largeur doit être telle qu'ayant divisé la longueur ch. 1.
en trois parties, on lui en donne deux ; car par ce moyen la forme en 3:2.
étant longue, cette disposition donnera plus de commodité pour les spectacles.

Les BASILIQUES ou palais, pour la justice et autres affaires, qui sont
dans les places publiques, doivent avoir leur largeur de la troisième partie 1:3.
de leur longueur ou de la moitié tout au plus, si ce n'est que le lieu ne 2:3.[3]
permette pas d'observer cette proportion. Car s'il y a beaucoup d'espace en longueur, on fera de grandes chambres ou bureaux[4] aux deux bouts, comme on voit en la basilique julienne d'Aquilius.

La hauteur des colonnes des basiliques sera égale à la largeur des portiques, ou ailes à côté de la grande voûte du milieu, et cette largeur sera la troisième partie de l'espace du milieu. Les colonnes d'en haut doivent être plus petites que celles d'en bas.

Les basiliques sont capables de toute la majesté et de [p. 21] toute la beauté de l'architecture. J'en ai fait bâtir une en la colonie julienne de Faro[5], où j'ai observé les proportions qui suivent. La voûte du milieu

2 Indication erronée : il s'agit de l'*incipit* qui ouvre le chapitre 4 du livre IV.

3 Indication erronée, il s'agit du rapport 1 à 2.

4 Ouvrard omet d'utiliser le mot « chalcidiques », et résume l'interprétation donnée par Perrault (1673, p. 141).

5 Coquille typographique pour « Fano ». Vitruve parle de la basilique dont il fut l'architecte à Fano, ville du centre d'Italie, où l'empereur Auguste fonda une colonie appelée *Julia Fanestris*.

12, 6. est longue de six vingt pieds et large de soixante. Les portiques, ou
ailes, qui sont à côté de la grande voûte entre les murs et les colonnes,
2, 5. ont vingt pieds de largeur. Les colonnes avec les chapiteaux ont toutes
cinquante pieds de hauteur et cinq de diamètre, elles ont derrière elles
des pilastres de vingt pieds de haut, larges de deux pieds et demi, et
épais d'un pied et demi, pour soutenir les poutres qui portent les planchers des portiques. Il y a aussi dans le temple d'Auguste, qui est placé
au milieu de la face de la basilique, qui regarde le milieu de la place
publique et le temple de Jupiter, un tribunal en demi-cercle, qui n'est
3:1. pourtant pas entier, parce que le demi-cercle qui a de front quarante-cinq pieds[6], n'en a de profondeur que quinze, afin que les gens qui sont
dans la basilique pour trafiquer, n'incommodent point les plaideurs qui
sont devant les juges. »

ch. 2. « Le trésor public, la prison et L'HÔTEL DE VILLE, doivent être sur
place en telle sorte que leur grandeur soit proportionnée à celle de
la place. Surtout, il faut avoir égard à l'hôtel de ville, et faire qu'il
2:1.[7] soit proportionné à la dignité de la ville. Sa proportion doit être telle
2, 3, 4. que, s'il est carré, il soit plus haut de la moitié qu'il n'est large, car
s'il est plus long que large, il faut assembler la longueur et la largeur,
et prendre la moitié du tout pour la hauteur au-dessus du plancher.
Il faut que les murs en dedans aient tout autour, à la moitié de la
hauteur, une corniche de menuiserie ou de stuc, car autrement la
voix de ceux qui parlent avec action dans ces lieux s'élèverait si haut
qu'elle se perdrait. Ce que la corniche empêche, car elle ne permet
pas à la voix de s'élever et de se dissiper en l'air, mais elle la renvoie
aux oreilles. »

ch. 3. « Les fondements des THÉÂTRES posés[8], on élèvera les degrés qui
seront bâtis de marbre ou de pierre. Les paliers en forme de ceinture doivent être faits selon la proportion que l'on donne à tous les
théâ[p. 22]tres, afin qu'ils aient une hauteur convenable à leur largeur,
parce que s'ils étaient trop relevés ils rejetteraient la voix en haut et
empêcheraient qu'elle ne pût frapper les oreilles et se faire entendre
distinctement à ceux qui sont assis au-dessus des paliers. Et ainsi il faut
que les degrés soient tellement disposés qu'une ligne étant conduite
depuis le bas jusqu'au haut, elle touche les angles de tous les degrés,

6 Vitruve indique « quarante-six pieds », mesure « corrigée » par Ouvrard afin d'obtenir une proportion harmonique, voir *infra*, p. 105, n. 21.

7 Indication erronée, il s'agit plutôt du rapport 2 à 3.

8 Aménagement du texte de Perrault pour plus de clarté : « Sur les fondements posés » (1673, p. 148).

afin que la voix qui fait des cercles en l'air comme une pierre jetée dans un étang, ne soit point empêchée, et que ses cercles ne soient point confus[9]. C'est pourquoi les anciens architectes, ayant examiné la nature de la voix et considérant comme elle s'élève en l'air par degrés, ont réglé au juste l'élévation que les degrés du théâtre doivent avoir. Et suivant la proportion canonique des mathématiciens et la proportion musicale, ils ont tâché de faire que tout ce qui serait prononcé dans la scène fût entendu clairement et distinctement[10] des spectateurs. Car comme les Anciens ont mesuré les instruments de musique et ont marqué sur des lames de cuivre ou de corne les intervalles des dièses (ou moindres intervalles de la musique)[11], afin que les sons que rendraient les cordes fussent justes, ainsi par le moyen de la science harmonique ils ont établi certaines proportions pour aider à faire entendre la voix dans les théâtres. »

Et le reste qu'on peut voir en sa source.

« La grandeur des bains publics doit être proportionnée au nombre du peuple, mais leur proportion doit être telle qu'il leur faut de largeur un tiers moins que de longueur, sans comprendre le reposoir qui est autour du bain et le corridor. » ch. 10. 2:3.

« Le plus grand soin qu'un architecte doit avoir, c'est de proportionner tout son édifice avec toutes les parties qui le composent. Et il n'y a rien qui fasse tant paraître son esprit que lorsque sans se départir des règles générales qui sont établies pour la proportion, il peut ôter ou ajouter quelque chose selon que la nécessité de l'usage et la nature du lieu le demandent, sans que l'on y puisse rien trouver à redire, ou que la [p. 23] vue en soit offensée. Car les objets paraissent autrement quand nous les pouvons toucher, que quand ils sont élevés en haut, et ce qui est dans un lieu enfermé a tout un autre effet que quand il est à découvert. Or, en ces choses, il faut un grand jugement pour bien réussir, d'autant que la vue n'est pas toujours certaine, et que son jugement nous trompe souvent, comme on éprouve dans la peinture, où des colonnes, des mutules et des statues paraissent saillantes et avancées hors le tableau que l'on sait être plat[12]. Les choses étant ainsi, je ne crois pas que l'on doive Liv. VI, ch. 2.

9 Synthèse de la longue description offerte par Vitruve, sur le sillage d'Aristote.

10 « Aisément » dans la traduction de Perrault.

11 Ajout d'Ouvrard.

12 Ouvrard omet la description du fonctionnement de la vue, par « l'émission que les objets font des images », explication caduque à son époque.

douter qu'il ne soit nécessaire d'ajouter, ou de diminuer en changeant les proportions, quand la nature des lieux le demande, pourvu que l'on ne touche point aux choses essentielles. Et c'est à cela que l'esprit et la doctrine sont fort nécessaires. Il faut donc en premier lieu établir une règle de la proportion, afin de voir précisément de combien on s'en peut départir. Ensuite il faut tracer un plan du bâtiment que l'on entreprend qui contienne les longueurs et les largeurs, dont on prend toutes les proportions QUI PRODUISENT CETTE BEAUTÉ D'ASPECT[13], qu'en voyant un édifice on s'aperçoit qu'on y a bien observé l'eurythmie, ou cet AIR CHARMANT[14] dont je pourrai parler maintenant, en enseignant par quel moyen on y peut parvenir. »

ch. 4. « Il y a trois sortes de VESTIBULES selon la différente proportion
de leur longueur et de leur largeur. La première espèce est quand,
ayant divisé la longueur des vestibules en cinq parties, on en donne
3:5. trois à la largeur. La seconde, lorsque l'ayant divisé en trois on en
2:3. donne deux à la largeur. Et la troisième, lorsqu'ayant fait un carré
équilatéral, dont un côté fait la largeur du vestibule, on prend la
diagonale de ce carré pour la longueur. La hauteur est moindre que
3:4. la longueur de la quatrième partie (à prendre au-dessous des poutres),
4:5. et sans comprendre le reste de la hauteur qui vient de l'enfoncement
des plafonds des planchers, où il y a des cavités qui les font élever
au-dessus des poutres (la hauteur de cet enfoncement se peut faire à
discrétion). [p. 24]

Les AÎLES, que l'on fait à droit<e> et à gauche, doivent avoir la troi-
1:3. sième partie de la longueur du vestibule, s'il est de trente à quarante
pieds. Mais si la longueur est de quarante à cinquante pieds, elle sera
divisée en trois parties et demie, dont une sera pour les ailes (ou si elle
1:4. est de cinquante à soixante, les ailes en auront la quatrième partie). Si
elle est de soixante à quatre-vingts, on la divisera en quatre et demie, et
on en donnera une à la longueur[15] des ailes. Enfin, si la longueur est de
1:5. quatre-vingts à cent pieds, la cinquième partie sera justement la largeur
des ailes. Les architraves des ailes doivent être mis<es> assez juste pour
1:1. faire que les hauteurs soient égales aux largeurs.

2:3. Il faut donner aux cabinets les deux-tiers de la largeur du vestibule,
s'il est de vingt pieds. Ou s'il est de trente à quarante, on ne lui en

13 C'est Ouvrard qui le souligne.

14 Ajout d'Ouvrard.

15 Coquille typographique : Perrault indique « largeur » (1673, p. 202), et rien dans la suite laisse penser qu'Ouvrard ait volontairement changé de dimension de référence.

donnera que la moitié. Et s'il est de quarante à cinquante, on divisera 1:2.
cette largeur en cinq, dont on en donnera deux aux cabinets. Car les petits 2:5.
vestibules ne doivent pas fournir les mêmes proportions que les grands, parce que si on suivait les proportions des grands vestibules dans les petits, les cabinets et les ailes des vestibules ne seraient d'aucun usage. Et si au contraire on se servait des proportions des petits vestibules pour les grands, les ailes et les cabinets seraient trop vastes. C'est pourquoi je crois qu'en général on doit régler les grandeurs des bâtiments par la commodité que leur usage demande, et par ce que la vue peut souffrir sans être offensée.

La hauteur du cabinet doit sous poutre être pareille à sa largeur, à laquelle on aura ajouté la huitième partie. L'enfoncement des plafonds du plancher doit ajouter à cette hauteur la sixième partie de la largeur. La grande entrée des plus petits vestibules sera des deux-tiers de la largeur du cabinet, et aux grands, elle sera de la moitié.

La hauteur des images avec leurs ornements sera proportionnée à la largeur des ailes. La largeur des portes sera proportionnée à leur hauteur selon les règles de l'ordre dorique si elles sont doriques, ou selon la proportion de l'ordre ionique si elle sont ioniques. [p. 25] La même proportion sera observée à l'égard de la menuiserie des portes, comme il a été prescrit au quatrième livre. La largeur de l'ouverture du haut ne doit jamais être moindre que du quart, ni plus grande que du tiers de la largeur du vestibule. La longueur doit être à proportion et suivant celle des vestibules.

Les péristyles doivent être plus longs en travers de la troisième partie, qu'ils ne sont en avant. Leurs colonnes seront aussi hautes que les portiques sont larges. Les entrecolonnements n'auront pas moins que les diamètres de trois colonnes, ni plus que les diamètres de quatre (si ce n'est qu'on veuille faire ces colonnes des péristyles d'ordre dorique, auquel cas il faudra régler leurs proportions et celle des triglyphes sur ce que j'ai écrit au quatrième livre). »

« Les salles à manger doivent être deux fois aussi longues que larges. ch. 5.
À l'égard de la hauteur c'est une règle, que pour avoir celle de toutes 4:2.
sortes d'appartements qui sont plus longs que larges, il faut assembler
leur longueur et leur largeur, et prendre la moitié de cette somme pour 4, 3, 2.
leur hauteur. Que si les grandes salles et les cabinets de conversation sont carrés, on ajoutera la moitié de la largeur pour avoir la hauteur. Les cabinets de tableaux, de même que ceux de conversation, doivent être amples. Les grandes salles corinthiennes et les tétrastyles (ou à quatre

colonnes)[16], et celles que l'on appelle égyptiennes, doivent avoir pour leur longueur et largeur les proportions pareilles à celles qui ont été prescrites pour les salles à manger (mais il faut les faire très spacieuses à cause des colonnes). »

ch. 6. « On fait encore de grandes salles d'autres manières que celles que l'on voit en Italie, appelées en grec cyziennes (du nom de la ville de Cyzique célèbre par ses bâtiments.) On les sait tournées au septentrion, en sorte qu'elles ont vue le plus souvent sur les jardins, et que leurs portes sont dans le milieu. Ces salles doivent être larges[17]. Elles ont à droite et à gauche des fenêtres qui s'ouvrent comme des portes, afin que de la table on puisse voir dans les jardins[18]. La hauteur de [p. 26] ces salles est
4, 3, 2. la moitié de la largeur ajoutée à cette même longueur.

Dans toutes ces sortes d'édifices, il faut s'accommoder à la situation du lieu, et surtout, il faut prendre garde que la hauteur des murs voisins n'ôte pas le jour. Car cela arrivant à cause du peu d'espace, ou pour quelque autre raison que ce soit, il faut augmenter ou diminuer avec tant d'adresse les proportions que nous avons prescrites, que ce que l'on fera semble n'avoir rien qui y soit contraire. »

APPLICATION.

Il est aisé de faire l'application de ces mesures aux proportions harmoniques, et de ces proportions aux sons de la musique, en suivant la manière que nous avons donnée en la page 7. (où il faut corriger en la 20<e> ligne le nombre de 16 qui est mis au lieu de 6)[19]. Nous ne nous arrêterons donc pas davantage sur le rapport des nombres avec les sons et intervalles de la musique, puisque nous l'avons fait très amplement dans l'écrit précédent, et qu'il n'y a personne qui ne puisse le faire de lui-même, en demeurant d'accord que Vitruve a suivi la règle des proportions harmoniques en toutes les mesures qu'il a données, quoique, comme nous l'avons dit, il ne les ait pas qualifiées de ce nom. Nous ferons seulement ici quelques remarques pour la pratique de ces proportions.

---

16 Ajout explicatif d'Ouvrard.

17 Perrault écrit « assez large » (1673, p. 207).

18 Dans son édition revue et augmentée (1684, p. 220), Perrault qui suit Philandrier remplace « la table » par « les lits ».

19 Voir *supra*, p. 85, n. 8.

La première, que nous avons déjà indiquée, qu'il n'est pas nécessaire d'observer à la rigueur ces proportions harmoniques que dans les lieux qui se présentent à même temps à la vue. Par exemple, dans la face d'un bâtiment, ou même dans les parties d'un seul étage, dans les ouvertures d'une même chambre et dans tous les membres qui la composent, telles que sont les portes, les fenêtres, la cheminée et les retranchements ou cabinets, en sorte que toutes ces parties aient leurs proportions harmoniques avec la longueur, la largeur et la hauteur de la chambre (sans qu'on se doive mettre en peine de la proportions qui sera dans une chambre à côté, au-dessus ou au-dessous). Quand les croisées entières ou demi-croisées ont des proportions trop éloignées, suivant la remar[p. 27]que de la page 11, on les approchera par le moyen des travers des différentes croix. Ainsi une croisée qui a sa hauteur en proportion triple ou quadruple avec sa largeur, de 4 ou de 3:12, pourra avoir un travers en proportion sesquialtère, un autre en proportions sesquitierce, sesquiquarte et sesquiquinte ou autres harmoniques, comme 4, 6, 8, 10, 12 (ou simplement 4, 8, 12, ou 3, 6, 9)[20]. La seconde remarque est que nous avons mis les proportions données par Vitruve en leurs moindres termes (par exemple, la proportion double de 1:2), qui peuvent être néanmoins en une infinité de manières sans changer le genre ni l'espace de la proportion, comme 2:4, 3:6, 6:12, 12:24, etc. Nous avons omis celles qui sont en nombre rompus, ou qui ne sont pas tout à fait harmoniques, en faisant toutefois observer que les proportions de cette nature ne regardent pas la même pièce, ou ne se voient pas à même temps. Nous n'en avons changé qu'une de 15:45 au lieu de 46, qui serait une faute dans Vitruve, si elle n'est pas venue de ses copistes, comme plusieurs autres dans les nombres que M. Perrault a judicieusement remarquées et corrigées[21]. La troisième remarque est sur la maxime générale que donne Vitruve pour régler les hauteurs des appartements sur la moitié des longueurs et largeurs ajoutées ensemble, pour lesquelles nous avons mis les trois nombres 2, 3, 4. <À> savoir 4 pour désigner la longueur, 2 pour la largeur, et 3, qui est la moitié de 6 composé de 2 et de 4 ajoutés ensemble, pour désigner la hauteur. De manière que si une chambre ou salle, par exemple, a 4 toisés de long, 2 de large, elle en devra avoir 3 de haut. Ce sont, dit-il, les mesures des lieux qui sont

20 Ouvrard utilise ici pour la première fois la terminologie mathématique dans son acception spécifiquement musicale : sesquialtère pour indiquer le rapport 2 à 3 (l'intervalle de quinte), sesquitierce le rapport 3 à 4 (la quarte), sesquiquarte le rapport 4 à 5 (la tierce majeure), sesquiquinte le rapport 5 à 6 (la tierce mineure).

21 Voir *supra*, p. 100, n. 6.

plus longs que larges. Mais ceux qui sont carrés, c'est-à-dire, dont la largeur est égale à la longueur, on ajoutera, dit-il, la moitié de la largeur pour avoir la hauteur. Ainsi une salle qui serait longue et large de 4 toisés, serait haute de 6. Ce qui ne se doit entendre que des chambres ou salles voûtées, car il suffit pour une chambre à plancher qu'elle soit carrée sous poutre en tout sens, à moins qu'elle ne fût extrêmement vaste. C'est ici où nous croyons qu'il faut user de l'adresse que vient de recommander notre auteur, de changer les proportions suivant les lieux. Et pour cela nous allons parler.

DU CHANGEMENT DES PROPORTIONS. [p. 28]

Il y a de trois sortes de changement de proportions : changement de nombre ou grandeurs dans le même genre de proportion, changement de genre, et changement d'espèce. Nous supposons ici que tout le monde sait qu'il y a cinq genres de proportion, surparticulier, surpatient, multiple, multiple-surparticulier, et multiple-surpatient[22], et que chaque genre contient une infinité d'espèces. Le changement de nombres dans le même genre de proportion arrive quand au lieu de grands nombres ou de moindres, on en met de moindres ou de plus grands, dans la même proportion. Par exemple, ayant pris dans la proportion double le nombre 9, mis ensuite 18, 36, 72, etc. Si j'en veux de moindres, je mettrai 8, 16, 32, 64 etc., ou 7, 14, 28, 56 etc., ou 6, 12, 24, 48 etc. Ou si l'on veut prendre de plus grands, on les changera de même, sans changer le genre de proportion, par exemple, 10, 20, 40, 80 etc., qui sont tous dans la proportion multiple double. Le changement de genre, est lorsqu'au lieu d'une proportion multiple, comme est la double, on en prend dans un autre genre, comme serait par exemple dans le genre surparticulier. Et

22 Ouvrard reprend ici la classification pythagoricienne des rapports entre les nombres en cinq divisions, tout en se référant directement aux *Istitutioni harmoniche* de Zarlino : I. multiple (un nombre est multiple de l'autre, Zarlino considère la *proportio dupla* 2:1 et la *proportio tripla* 3:1) ; II. surparticulier (un nombre dépasse l'autre de son diviseur, pour Zarlino sesquitierce 4:3, sesquiquarte 5:4, sesquialtère 3:2) ; III. surpatient (un nombre dépasse l'autre d'une de ses parties, *superbipartientertia* 5:3, *supertripartientequinta* 8:5, *supertripartienteoctava* 11:8) ; IV. multiple-surparticulier (un nombre dépasse un multiple de l'autre par son diviseur, *dupla sesquialtera* 5:2, *tripla sesquiquarta* 13:4) ; V. multiple-surpatient (un nombre dépasse un multiple de l'autre d'une de ses parties, *tripla superbipartientertia* 11:3, *quadrupla supertripartientequinta* 23:5).

comme le genre surparticulier dans la suite ne serait plus harmonique ; par exemple dans la première espèce surparticulière 4, 6 et 9, quoique les deux premiers nombres 4 et 6 soient harmoniques (faisant ensemble la quinte, 6 et 9 aussi), néanmoins 9 n'est pas harmonique à l'égard de 4, puisqu'il fait la neuvième contre lui, qui est une dissonance en musique, cela oblige le troisième changement, qui est celui de l'espèce, en passant par exemple de la sesquialtère à la sesquitierce, et mettant 4, 6, 8. On peut croire que Vitruve a entendu parler du premier et dernier changement qui est d'allonger ou de raccourcir les mesures et les rendre agréables à la vue et proportionnées aux lieux. Et quand il y a peu de grandeurs à observer, le premier changement peut suffire, pourvu qu'il soit en la proportion double, qui est la seule harmonique que gardent les architectes aujourd'hui[23].

Mais s'il y a beaucoup de grandeurs, on fait un mélange [p. 29] de différents genres et espèces de proportions harmoniques, qu'on peut encore diminuer ou augmenter suivant l'espace des lieux plus petit ou plus grand.

EXEMPLE.

Si l'on veut faire une porte magnifique accompagnée de deux autres portes moyennes, ou un arc de triomphe qui ait trois ouvertures, une grande et deux moyennes, et que tout l'ouvrage conserve en toutes ses parties les proportions harmoniques, on le pourra faire en une infinité de manières par les différents changements des proportions, sans néanmoins se départir des règles que nous avons posées pour l'harmonie. Nous ne parlons que des mesures sans avoir aucun égard aux ornements qui peuvent aussi varier en beaucoup de manières, et que nous prétendons de même devoir être disposés harmoniquement. Voici une manière. Nous prenons pour notre plus petite mesure le nombre 9, qui sera par exemple de 9 pieds, que nous donnons à la largeur des deux extrémités du massif jusqu'à chacune des deux ouvertures moyennes. Chaque ouverture ou porte moyenne aura 18 pieds de largeur et 36 de

23 Ouvrard relate cela aussi dans la lettre qui rend compte de sa visite chez Perrault, où dans la maison nouvellement bâtie, la porte d'entrée « estoit doublez de la hauteur à la largeur, & qu'il ny avoit que cette proportion nécessaire dans l'architecture », voir § *Interlocuteurs*, p. 31, n. 61.

haut. Les deux espaces de massif qui seront de chaque côté entre les portes moyennes et la grande ouverture, auront chacun 13 pieds et demi. La grande ouverture aura 27 pieds de large et 54 de haut. On pourra disposer les distances au-dessus du grand arc pour placer les ornements dans ces proportions depuis 54 jusqu'à 72, et de là monter jusqu'à 90 et finir au 108<e> pied, qui est la hauteur égale à la largeur. Ces nombres 9, 13 et demi, 18, 27, 36, 54, 72, 90, 108, étant réduits à leurs moindres termes 2, 3, 4, 6, 8, 12, 16, 20, 24, font en musique ces harmonies ou consonances : *Ut*, *Sol*, *Ut*^{2}, *Sol*^{2}, *Ut*^{3}, *Sol*^{3}, *Ut*^{4}, *Mi*^{4}, *Sol*^{4}, et doivent faire à la vue un agrément pareil à celui que reçoit l'oreille les entendant toutes ensemble. Si l'on les veut diminuer en conservant la même proportion et les mêmes harmonies, on le fera en descendant par degrés tant qu'on voudra, comme 8, 12, 16, etc. (ou 6, 9, 12, etc.). Ou si l'on les veut augmenter, on mettra 10, 15, 20 etc., selon la grandeur du lieu ou l'on aura dessein de dresser l'ouvrage.

[p. 30]

Ce changement de nombres qui conserve les mêmes proportions, n'est pas proprement un changement. Voici donc une autre manière ou changement de genre et d'espèce, qui change la disposition des parties les unes aux autres, en conservant néanmoins toujours son harmonie.

Si l'on veut que le massif des deux extrémités et des espaces du milieu soit plus fort et capable de recevoir des ornements ou colonnes, on donnera à chaque extrémité 20 ou 24 pieds (si 16 ne suffisent pas), et à chaque espace moyen 24 pieds. Chaque ouverture moyenne aura 16 pieds de large et 32 de haut, la grande en aura 32 de large et 64 de haut. Puis au-dessus de 64 il y aura des distances proportionnées 80, 96, et si l'on veut 118. Ce qui fera ces proportions 2, 3, 4, 8, 10, 12, 16, et ces harmonies *Ut*, *Sol*, *Ut*^{2}, *Ut*^{3}, *Mi*^{3}, *Sol*^{3}, *Ut*^{4}.

Ces règles étant infaillibles et fondées sur l'analogie de nos deux plus nobles sens, en qui notre âme désire la même proportion, nous croyons qu'elles seront reçues et pratiquées par les architectes qui n'avaient pas fait réflexion, qu'ils reconnaîtront qu'il n'y avait que ce moyen qui pût donner à leur art des principes certains et incontestables, et qu'il n'y aura plus de véritable architecture si elle n'est pas harmonique.

EXTRAIT DU PRIVILÈGE DU ROI

Par grâce et privilège du roi en date du 4. de mars 1677. Signé Boctois. Il est permis au sieur René Ouvrard, de faire imprimer et vendre un ouvrage de musique en français et en latin, avec plusieurs traités de physique, mathématique et autres matières qui regardent cette science, pendant 20 années consécutives[1]. Et défenses à tous imprimeurs ou libraires d'imprimer et vendre ledit livre ou partie d'icelui aux peines portées par ledit privilège.

Registré sur le livre de la communauté des marchands libraires imprimeurs à Paris le 2 mars, 1677. Signé THIERRY, Syndic.

1 Il s'agit du privilège d'impression octroyé pour la *Musique rétablie*, et utilisé précédemment aussi pour l'*Art et la science des nombres*.

FACSIMILÉ

Lyon, Bibliothèque municipale, Rés. 367374

ARCHITECTURE

HARMONIQUE,

OU

APPLICATION DE LA DOCTRINE des Proportions de la Musique à l'Architecture.

A PARIS,

Chez ROBERT JEAN BAPTISTE DE LA CAILLE, ruë Saint Jacques, aux trois Cailles.

M. DC. LXXIX.

AVEC PRIVILEGE DU ROY.

A MONSEIGNEVR COLBERT.

ONSEIGNEVR,

Les soins que vous prenez pour l'acroissement des Sciences & pour la perfection des Arts, vous donnent droit sur toutes les découvertes qui s'y font: & ceux qui s'appliquent à la recherche de ces découvertes, trouvent leur avantage dans l'obligation de Vous les consacrer; puisque sans vostre Protection toutes leurs Inventions sont en danger d'estre méprisées, ou tout-à-fait négligées. Celles qui regardent l'Architecture vous appartiennent à double titre, & par l'élévation où vous l'avez portée dans le temps de vostre Surintendance, & par le digne choix que sa Majesté a fait d'un Successeur en vostre Famille, qui en continuant vos desseins, remplira pleinement vostre attente, & passera mesme vos desirs. Ainsi de quelque maniere que je considere, MONSEIGNEVR, *le Present que je vous fais, il est à Vous de droit, & par mon propre interest, & par celuy de l'Art mesme, à qui il donne des regles qu'il n'avoit pas. Quoyqu'il soit plutost le Rétablissement d'une ancienne Doctrine que l'Invention d'une nouvelle, je ne crains point de dire, qu'il est préférable à beaucoup d'autres Inventions, & que quand sa Maiesté a propose un Prix pour celuy qui inventeroit un nouvel Ordre d'Architecture, Elle demãdoit moins que ce que j'apporte aujourd'huy pour perfectionner ce bel Art; puisque sans la Doctrine des Proportions Harmoniques tous les Ordres d'Architecture ne sont que des amas confus de pierres sans ordre & sans regle. Les Anciens la possedoient & ne travailloient que sur ses Principes, comme je le fais voir par les mesures du Temple de Salomon, qui est le seul Edifice de l'Antiquité dont nous ayons l'entiere description. Les Grecs l'ont cultivée : Les Romains l'ont cherchée : Les Modernes en par-*

lent sans la mettre en pratique, & il n'y a plus que le hazard qui la fasse rencontrer dans les Bâtimens publics. Platon qui disoit que sa Republique finiroit quand la Musique seroit négligée, pouvoit bien assurer comme il faisoit que tous les Arts periroient, quand on ignoreroit cette Science qui met l'ordre & l'harmonie par tout. Vous, MONSEIGNEVR, *qui parmi vos grandes occupations ne laissez pas d'appliquer vos soins au rétablissement des Arts & des Sciences, & qui voulez par l'autorité de Pere, que Monsieur le Surintendant des Bâtimens de sa Majesté, sçache tout ce qu'il doit sçavoir pour exercer dignement sa Charge, Vous ne soufrirez pas que cette Science que je vous presente, demeure plus long temps ensevelie, ou que mon peu de consideration la fasse mépriser par ceux qui la pouvoient découvrir, s'ils l'avoient cherchée dans les sources où je l'ay puisée. Du moins auray-je la satisfaction d'avoir indiqué à ceux qui viendront apres nous, les moyens de remettre en sa perfection le plus necessaire de tous les Arts, & d'avoir marqué à la Posterité, en vous dédiant ce petit Ouvrage, la passion que i'ay euë de luy estre utile, & ma reconnoissance pour l'honneur que vous m'avez bien voulu faire d'aprouver le Dessein de mon Ouvrage de Musique, & de m'exhorter à le donner bien-tost au Public.*

C'est par là que i'espere faire mieux connoistre combien ie suis,

MONSEIGNEVR,

Vostre très-humble, & tres-obeïssant Serviteur, R. OUVRARD.

ARCHITECTURE HARMONIQUE,

OU

APPLICATION DE LA DOCTRINE des Proportions de la Musique à l'Architecture.

IL n'y a point de precepte plus commun dans tous les Arts, que celuy qui recommande la Proportion, Symmetrie, convenance ou rapport, que les differentes parties d'un même Corps doivent avoir ensemble, mais principalement dans l'Architecture. Les Maîtres de cét Art n'ont pas manqué de mettre ce precepte au rang de leurs principales Regles, comme a fait Vitruve dés l'entrée de son premier Livre, Chapitre 2. & du 3. Livre, Chap. 1.

Neantmoins, quoy qu'ils ayent dit qu'il falloit imiter la Nature dans les Proportions qu'elle avoit si exactement observées dans la fabrique du Corps humain, ils semblent ne les avoir regardées dans la pratique, que comme arbitraires & dépendantes de la seule volonté de l'ouvrier, & nullement des principes de l'Art. En effet quand ils en ont voulu faire l'application, ils ont pris d'autres mesures, & n'ont eu aucun égard à l'harmonie des Proportions.

Nous pretendons au contraire qu'il y a une telle analogie

entre les Proportions de la Musique & celles de l'Architecture, que ce qui choque l'oreille en celle-là, blesse la veuë en celle-cy, & qu'un Bâtiment ne peut être parfait s'il n'est dans les mêmes Regles que celles de la Composition ou mêlange des accords de la Musique.

Pour bien entendre cette pretention, il faut supposer icy la Doctrine des Proportions, établie dans le Livre intitulé *l'Art & la Science des Nombres*, principalement dans le sixiéme Livre de *l'Arithmetique Harmonique*, dont nous allons rapporter les fondemens, en faveur de ceux qui n'ont point étudié cette matiere, ou de ceux qui n'y ayant point fait de reflexion, pourroient prendre nôtre pensée pour une pure imagination. C'est à sçavoir que toutes les Harmonies ou Consonances possibles sont renfermées dans les six premiers nombres, pris selon leur valeur de proportion, & dans les multiples de ces six premiers, dont on a montré les rapports dans le 14. Chapitre de ce VI. Livre, & fait voir que dans les onze nombres suivans, il y avoit 55 harmonies ou consonances, en les comparant les uns aux autres,

1, 2, 3, 4, 5, 6, 8, 10, 12, 16, 20.

C'est à dire que ces nombres ou sons étant entendus ensemble, font une harmonie agreable, composée de 55 accords de Musique, quoy qu'il n'y ait qu'onze sons ou voix.

Et comme ceux qui n'ont pas oüy parler du rapport des proportions des nombres avec les sons de la Musique, auroient de la peine à entendre ce que veut dire, par exemple, que l'octave est en proportion d'1 à 2, la quinte en proportion de 2 à 3 &c. Nous leur disons icy en peu de mots, que ces proportions ont esté renduës sensibles sur l'instrument appellé Monochorde, où l'on voit que la corde étant racourcie de sa moitié fait entendre à l'oreille un son, à l'octave de celuy qu'elle rendoit dans toute sa longeur ; ou que mettant une partie de la même corde contre deux autres parties, elle fait l'octave : que les deux parties de la même corde, contre trois de ses parties font la quinte : & qu'ainsi on a raison de dire, que la proportion de l'octave est d'1 à 2, celle de la quinte de 2 à 3. De même pour avoir la proportion de la quarte, il faut partager la corde en sept parties égales, en mettre trois d'un côté & quatre de l'autre ; & les trois parties contre les quatre feront entendre la quarte, parceque sa proportion est de 3 à 4. Et si l'on veut avoir la tierce majeure dont la proportion est de 4 à 5, il faut partager la corde en 9 parties égales, & en mettre quatre d'un costé & cinq de l'autre: & l'on aura aussi la tierce mineure dont la proportion est de 5 à 6, en partageant la corde en onze parties égales, & en mettant 5 d'un costé & 6 de l'autre. Ainsi de tous les autres intervalles. Ceux qui n'ont pas de Monochorde pour en faire l'épreuve, se doivent contenter de sçavoir que cette science est certaine & infaillible : & les Architectes qui ne sçauroient pas la doctrine des Proportions, en sçauront assez pour la mettre en usage, quand ils auront appris qu'ils ne doivent point employer d'autres mesures, qui ayent du rapport les unes aux autres, que celles qui suivent, ou qui s'y peuvent reduire, comme nous dirons en la page 11. Voicy donc les rapports des onze nombres precedens.

D'1 à 2, l'octave. 2 à 3, la quinte. 3 à 4, la quarte. 4 à 5, la tierce majeure. 5 à 6, la tierce mineure. 6 à 8, la quarte. 8 à 10, la tierce majeure. 10 à 12, la tierce mineure. 12 à 16, la quarte. 16 à 20, la tierce majeure.

D'1 à 3, la douziéme ou double quinte. d'1 à 4, la quinziéme ou double octave. d'1 à 5, la 17. majeure. d'1 à 16, la dix-neuviéme ou triple quinte. d'1 à 8, la vingt-deuxiéme ou triple octave. d'1 à 10, la vingt-quatriéme maj. d'1 à 12, la vingt-sixiéme ou quadruple quinte. d'1 à 16, la vingt-neufviéme ou quadruple octave. d'1 à 20, la trente-uniéme majeure ou tierce au dessus de la quadruple octave.

De 2 à 4, l'octave. de 2 à 5, la dixieme majeure. de 2 à 6, la douziéme. de 2 à 8, la quinziéme. de 2 à 10, la dix-septiéme majeure. de 2 à 12, la dix-neuviéme. de 2 à 16, la vingt-deuxiéme. de 2 à 20, la vingt-quatriéme majeure.

De 3 à 5, la sixiéme majeure. de 3 à 6, l'octave. de 3 à 8, l'onziéme. de 3 à 10, la treisiéme majeure. de 3 à 12, la quinziéme. de 3 à 16, la dix-huictiéme. de 3 à 20, la vingtiéme majeure.

De 4 à 6, la quinte. de 4 à 8, l'octave. de 4 à 10, la dixiéme majeure. de 4 à 12, la douziéme. de 4 à 16, la quinziême. de 4 à 20, la dix septiême majeure.

De 5 à 8, la sixte mineure. de 5 à 10, l'octave. de 5 à 12, la dixiême mineure. de 5 à 16, la treziéme mineure. de 5 à 20, la quinziéme.

De 6 à 8, la quarte. de 6 à 10, la sixte majeure. de 6 à 12, l'oct. de 6 à 16, l'onziême, de 6 à 20, la treziéme majeure.

De 8 à 10, la tierce majeure. de 8 à 12, la quinte. de 8 à 16, l'octave. de 8 à 20, la dixiême majeure.

De 10 à 12, la tierce mineure. de 10 à 16, la sixte mineure. de 10 à 20, l'octave.

De 12 à 16, la quarte. de 12 à 20, la sixte majeure.

De 16 à 20, la tierce majeure.

Et si l'on veut continuer à l'infiny les multiples doubles de ces premiers, on aura toutes les Consonances possibles.

Ces Proportions se notent ainsi en Musique, & étant chantées ensemble, ou joüées sur un Instrument, on entendra 55 harmonies tout à la fois.

E 20
16
A
12
10
D
8
G 6
5
4
3
2
B
E
1

Et comme dans la Musique tous les sons qui ne sont pas dans ces proportions, ou qui n'ont pas ces rapports, sont desagreables à l'oreille & l'offensent, nous pretendons aussi que dans l'Architecture toutes les dimensions, ou mesures qui ne seront pas dans ces proportions, ou qui n'auront pas ces convenances, choqueront la veuë, & ne feront aucun agréement. Ce qu'il y a de difference, c'est que les proportions de la Musique consistent tellement dans un point indivisible, que sur le Monochorde l'épaisseur d'un cheveu qui manqueroit à la justesse du son harmonieux se fait sentir; au lieu que la veuë n'est pas si subtile pour appercevoir les petits defauts des proportions; & que l'accoûtumance d'en voir peu de regulieres, rend supportables celles qui ne le sont pas.

Pour faire la comparaison entiere du sentiment de ces deux sens en cette matiere, il faut sçavoir que comme dans la Musique il n'y a que les sons qui frapent ensemble, ou qu'on entend dans le même moment, qui doivent s'accorder & faire harmonie les uns avec les autres, & non pas avec ceux qui se succedent, ou qui ne s'entendent pas à même temps: de même dans l'Architecture il n'y a que ce qui se presente à la veuë dans le même temps qui doive avoir ces proportions: par exemple, les croisées, ou fenestres de la face d'un bastiment; la hauteur, & la largeur de la même face, ou du moins de chaque étage.

Toutefois, comme la veuë embrasse beaucoup plus de choses à même temps que ne peut faire l'oüie, & qu'elle peut appercevoir tout d'un coup toutes les parties d'une même face de bastiment; si toutes ces parties pouvoient ensemble avoir leurs proportions dans les rapports que nous avons dit faire harmonie, la beauté en seroit charmante & se feroit sentir.

Quoy qu'il en soit, il est necessaire que la hauteur & la largeur d'une même partie ait sa proportion harmonique; c'est à dire l'une de celles que nous avons rapportées cy-dessus: Et si, comme nous venons de dire, toutes les parties qui se presentent ensemble à la veuë peuvent avoir des proportions consonantes, quoy qu'il n'y ait point d'autre ornement, la veuë sentira des charmes qui pourront même estre representez à l'oüie, comme nous l'allons voir dans l'exemple d'un bastiment élevé sur une Arcade avec toutes ces proportions harmoniques.

PREMIER EXEMPLE.

La face du bastiment, depuis le pied de l'Arcade jusques en haut, a 32 pieds de hauteur, & 24 de large; ainsi sa hauteur avec sa largeur est de 3 à 4.

L'Arcade a 10 pieds de haut, & 8 de large, sa proportion est donc de 5 à 4.

L'étage est de 16 pieds de haut, & de 24 de large, en proportion de 2 à 3.

Il y a une croisée au milieu, & deux demy-croisées aux extremitez. La croisée entiere a 12 pieds de haut, & 6 de large, en proportion de 2 à 1.

Les deux demy-croisées ont chacune 12 pieds de haut, & 3 de large, en proportion d'1 à 4. & avec la hauteur en proportion d'1 à 1. & avec la largeur de la croisée d'1 à 2.

Aux extremitez des deux demy-croisées, 2 pieds: Entre les croisées, 4 pieds de chaque costé, en proportion de 2 à 1.

Ce bastiment a donc ces harmonies, 2, 3, 4, 6, 8, 10, 12, 16, 24, 32, qui feroient en Musique ces accords, *Vt*, *Sol*, *Vt*^{2}, *Sol*^{2}, *Vt*^{3}, *Mi*^{3}, *Sol*^{3}, *Vt*^{4}, *Sol*^{4}, *Vt*^{5}: Ou plûtost, comme les plus grandes longueurs des tuyaux ou des cordes font les sons les plus bas, en retranchant le nombre 32. on aura dans cét ordre ces proportions, 24, 16, 12, 10, 8, 6, 4, 3, 2, qui feront en Musique ces sons, *Ré*, *La*, *Ré*^{2}, *Fa*^{2}, *La*^{2}, *Ré*^{3}, *La*^{3}, *Ré*^{4}, *La*^{4}.

Et pour les faire entendre à l'oüye, comme on les represente à la veuë, on pourroit creuser le bois des croisées en façon de tuyaux d'Orgue, & mettre aux extremitez des especes de goutieres ouvertes suivant ces proportions par un ordre renversé, en mettant l'*Vt* au 32 pieds, & les autres accords à proportion. Et comme cette Maison est exposée au grand air, on ne manqueroit pas d'entendre ces harmonies, quand le vent soufleroit dans ces tuyaux, où estant receu dans un portevent semblable à celuy des Orgues, & porté aux bras ou maineaux des croisées. Comme il faudroit trop de vent pour un tuyau de 32 pieds, & même de 16. il suffira d'en fournir les tuyaux de 12, de 8, de 6. de 4. de 3 pieds, de 28 poulces & quatre cinquiémes de poulces, & de 2 pieds. Ce qui fera ces harmonies, *Ut, Sol, Ut 2, Sol 2, Ut, Mi 3, Sol 3.* Cette harmonie est plus agreable que la precedente à cause de la Tierce Majeure qui est à celle-cy, *Ut, Mi, Sol*; au lieu de la Mineure qui est en celle-là, *Re, Fa, La.*

Quand nous avons dit que l'harmonie consistoit dans le rapport des six premiers nombres, & de leurs multiples doubles, il le faut entendre aussi des autres nombres qui y peuvent estre rappellez par reduction. Par exemple, 9, 18, 27, 36, 45, 54, 72, qui ne se rencontrent point dans la composition des six premiers, sont neanmoins la mesme chose par reduction qu'1, 2, 3, 4, 5, 6, 8, par leur commune mesure qui est 9. Ainsi un Ouvrage, tel qu'est la nouvelle Porte de Ville ruë saint Martin, qui a 54 pieds de face, avec une ouverture de 18 pieds de largeur, accompagnée de deux autres de 9 pieds, a ces proportions, 1 & 1, qui est l'Unisson en Musique, 1 & 2, qui fait l'Octave, 2 & 6, ou par reduction, 1 & 3, qui fait la douziéme ou double quinte.

Mais il y a un secret en Musique expliqué dans l'11. Chap. du 6. Livre de l'Art & Science des Nombres qui fait un merveilleux effet dans l'Architecture. C'est qu'encore qu'il y ait proportion harmonique entre des Nombres, ou Sons, neanmoins il faut que ces Sons puissent estre entonnez par une seule voix, sans faire des intervalles trop éloignez. Or la voix ne peut jamais faire un intervalle plus grand que celuy de l'Octave: Et la nature des Nombres a découvert ce secret sur ce principe, qu'il n'y avoit aucun intervalle qui pût estre entonné que ceux qui se rencontreroient dans les Nombres contigus, & non interrompus; & que le moyen de mettre en chant les Nombres interrompus, estoit de placer les Nombres harmoniques qui se trouvoient entre deux. Par exemple, 1 & 3, qui font en Musique la douziéme ou double quinte, qui est un intervalle qui ne peut estre entonné par une voix, à cause du trop grand éloignement qui passe l'intervalle de l'Octave, bien qu'il soit harmonique comme nous l'avons veu, se pourra entonner en mettant le nombre d'entre deux, 1, 2, 3, qui fait en Musique, l'Octave d'1 à 2, & la quinte de 2 à 3. Ainsi dans l'Architecture la distance de 18 à 54, qui fait l'intervalle en Musique de la douziéme en proportion d'1 à 3, a besoin d'une mesure moyenne entre deux qui sera 36, pour faire à la veuë une distance agreable& dont la proportion ne soit pas trop éloignée: Et si l'on veut faire sur ce fondement un Arc de Triomphe, ou même une Porte de Ville qui ait toutes ses harmonies, on y fera rencontrer ces proportions, 9, 18, 27, 36, 45, 54, c'est à dire 1, 2, 3, 4, 5, 6, qui font en Musique tout ce qu'il y a d'harmonie, *Vt*, *Vt* [2], *Sol* [2], *Vt* [3], *Mi* 3, *Sol*3: Et si l'on a besoin de plus grandes mesures, on ira jusques à 72, en passant 63, qui est un intervalle discordant.

Les Anciens suivoient asseurément ces Regles en leurs Edifices.

SECOND EXEMPLE.

Ainsi le Temple de Salomon fut basty harmoniquement. Il avoit, dit l'Ecriture Sainte, soixante coudées de long, vingt de large, & trente de haut; & cela faisoit en Musique, l'Octave, & la Quinte pardessus l'Octave, en ces nombres 1, 2, 3. Joseph dit qu'il avoit 60 coudées de haut, & que sur ce premier édifice du Temple il y en avoit un autre de pareille mesure, en sorte que toute la hauteur estoit de 120 coudées. Or comme chaque coudée vaut un pied & demy, les 120 coudées valent 180 pieds ou 30 thoises, qui est la hauteur des tours de Nôtre Dame de Paris. Le Portique qui estoit devant le Temple, faisoit encore harmonie avec les mesures du Temple, puis qu'il avoit vingt coudées de long, dix de large & six vingt de haut; ce qui faisoit l'unisson d'un costé de 20 à 20, l'octave de l'autre de 10 à 20. la douziéme de 10 à 30. la quinte de 20 à 30. la douziéme de 20 à 60. & la dix-neufiéme, ou quinte pardessus la quinziéme ou double octave, de 10 à 60. l'Octave de 60 à 120. la quinziéme ou double octave, de 30 à 120. la dix-neufiéme, de 20 à 120. la vingt-sixiéme, ou quinte pardessus la troisiéme octave de 10 à 120. L'Oracle aussi estoit dans les mémes proportions; & les Cherubins en leur hauteur, de 10 coudées; & dans l'étenduë de leurs aisles, de 5 coudées, faisoient de nouvelles harmonies

monies avec les premieres, l'octave de 5 à 10; la quinziéme de 5 à 20; la dix-neufiéme de 5 à 30; la vingt-sixiéme de 5 à 60; la trente-troisiéme, ou quinte pardessus la quatriéme octave de 5 à 120. Le grand Autel d'airain avoit aussi ses proportions harmoniques, de 20 coudées de long, autant de large, & dix de haut. Le grand Bassin rond, appellé la Mer, avoit trente coudées de tour, dix de diametre, & cinq de profondeur. De sorte que l'Autel, & le Bassin estant d'airain, & ayant ces proportions pouvoient resonner harmoniquement. Et comme ces proportions étoient d'accord avec celles du Temple, & du Sanctuaire, & que Salomon étoit trop sçavant en Musique pour n'avoir pas mis les Trompettes des Prestres, & les divers Instrumens des Levites sur le même ton du Bastiment, de l'Autel, & du Bassin; non seulement on entendoit une harmonie parfaite par cette résonnance, mais tout l'Edifice étoit ébranlé & faisoit un bourdonnement & fremissement agreable, tel que celuy qu'on entend dans les voûtes des degrez, lors qu'on sçait prendre leur ton. Nous voyons un exemple sensible de ce pouvoir de résonnance sur les pierres mêmes, dans un pilier en arcade de l'Eglise de Tours, qui tremble à veuë d'œil, & se remuë dans l'espace de plus de demy-pied, au son d'une certaine cloche, & demeure immobile au son de toutes les autres, quoy que plus proches de luy, & plus grosses que celle qui le fait trembler. Ce qui fait voir que non seulement tout un bastiment estant proportionné, mais chaque partie separément, a son ton particulier prest à répondre aux voix, ou instrumens qui seront dans la même proportion.

Sur le Modele de ces Proportions harmoniques, on peut examiner les anciens & nouveaux bastimens, Eglises, Chapelles, Arcs de Triomphe, Portaux, Portes, Croisées & Fenestres, & l'on verra que ceux qui ne sont pas dans ces regles choquent la veuë, les uns plus sensiblement, les autres moins; & qu'au contraire, ceux en qui par hazard se rencontreront ces proportions, ont des beautez qu'on sent en les regardant. Je dis par hazard, car nous sçavons que la plûpart des Architectes ne se determinent à telle ou telle hauteur ou largeur, que parce-qu'ils ont pris leur modele sur d'autres

Bastimens qu'ils ont crû bien reguliers ; ou parce que l'espace du lieu les y a determinez, ou mesme la fantaisie.

Neanmoins sa Majesté faisant refleurir les Arts en son Royaume, & sur tout l'Architecture, sous la Direction du plus éclairé Surintendant de ses Bastimens qui ait jamais occupé cette Charge, il y a lieu d'esperer, qu'au lieu qu'on n'avoit point de regle fixe & certaine, faute de cette Doctrine des Proportions, on travaillera desormais sur des principes inébranlables. On remetra sur pied l'ancienne Architecture des Grecs, dont nous n'avons que les noms des Ordres, & dont les proportions se sont perduës par l'ignorance de la Musique, que Vitruve jugeoit absolument necessaire à l'Architecte.

Quoyqu'on ait preparé pour le Public un Traité des Proportions, où cette matiere sera amplement expliquée : Cét Essay pourra suffire pour exciter la curiosité des Sçavans, & les porter à regarder cette Doctrine des Proportions Harmoniques comme l'Ame de tous les Ordres d'Architecture.

ADDITION
à l'Architecture Harmonique.

JE croyois m'estre assez bien expliqué dans l'Ecrit precedent sur le mariage de la Musique avec l'Architecture, en sorte que personne ne pourroit plus douter, que nostre Ame qui est aussi-bien harmonique dans ses yeux que dans ses oreilles, seroit satisfaite dans sa veuë par les mêmes harmonies qui contentent son oüye. Je craignois même qu'on ne m'accusast de m'estre trop defié de l'intelligence de mes Lecteurs, parce que je m'estois beaucoup étendu sur le rapport des Proportions des Nombres avec les Sons de la Musique, & que je devois supposer que tous les Sçavans à qui je parlois, connoissoient aussi-bien que moy ces rapports, & sçavoient assez d'Arithmetique, de Musique, & d'Architecture pour en pouvoir aisément & d'eux-mesmes faire l'application. Cependant il est arrivé que de tous ceux à qui j'en ay donné ou fait donner, & qui passent pour sçavans chacun en sa profession, les uns ont avoüé ne sçavoir ny Architecture, ny Musique, ny n'avoir jamais fait de reflexion sur le rapport des Nombres avec les Sons: D'autres qui sçavent l'Architecture & les Proportions, n'ont pas assez compris l'analogie des Sons avec les mesures de l'Architecture, parce que n'ayant point veu de Monochorde, ils ont peine à concevoir que les Sons se mesurent par longueur. La plûpart des Architectes ont reconnu qu'il falloit observer quelques-unes de ces proportions dans les bâtimens; mais ils ne croyent pas qu'il soit possible de s'y assujettir pour toûjours, en sorte que tous les membres d'un bastiment ayent entr'eux ces Proportions, parce qu'il faut s'accommoder à la commodité des lieux, & rompre ainsi cette harmonie que cherche nostre Ame en tous ses sens. En effet, disent-ils, Vitruve, qui est devenu le grand Maistre de l'Architecture depuis que M. Perrault l'a fait parler françois

& rendu intelligible par ses doctes Remarques, n'a jamais fait mention de ces Proportions Harmoniques, a donné des mesures qui semblent contraires, & a posé pour principe, que pour s'accommoder aux lieux il falloit changer les Proportions qu'il avoit prescrites; qu'ainsi les Proportions étant arbitraires, cette pretenduë beauté qui resulte du charme des Proportions Harmoniques, ne pouvoit estre qu'imaginaire. D'autres enfin estant persuadez de la verité de ma proposition & de l'utilité qui en doit revenir au public, ont desiré de moy que j'en convainquisse les autres par l'autorité même de Vitruve, que je leur asseurois avoir esté dans les mêmes sentimens. C'est ce qui m'a obligé de faire cette Addition, pour faire voir, que soit que Vitruve eût puisé la Doctrine des Proportions qu'il a répanduë en ses Livres, ou dans les Ouvrages des Grecs, ou dans les Monumens de l'Antiquité qui subsistoient encore de son temps; soit que la Beauté qui a son fondement dans la Nature, se presente d'elle-même & se fasse sentir à ceux qui ont le bon goust; soit qu'il eût assez de genie pour trouver luy-même le Beau de son Art, ou que l'experience d'une longue pratique le luy eust fait rencontrer, toutes les Proportions qu'il a prescrites, sont toutes Harmoniques, quoy qu'il ne leur ait pas donné ce nom, ou que peut-estre il n'en sçeust pas la qualité. Nous prenons icy ces termes de Proportions Harmoniques pour des distances ou intervalles qui estant reduites en Sons, font des harmonies ou Consonances en Musique. Nous allons donc voir que Vitruve ayant proposé pour modele des Propor-portions qu'on doit observer dans les Bâtimens, les Proportions du Corps humain, qui sont Harmoniques telles qu'il les rapporte, il a ensuite marqué, conformément à ce modele, toutes celles qu'il falloit observer en toutes sortes d'Edifices grands & petits, publics & particuliers. A cét effet, nous avons fait des Extraits de toutes les mesures qu'il a données dans ses Livres, que nous montrerons ensuite estre Harmoniques. Nous ne rapporterons pas celles des Colonnes, ny de leurs Piedestaux, ny de leurs Ornemens, entablement, ou couronnement. Nous considerons leur hauteur par l'étenduë depuis leur Piedestal, si elles en ont, jusqu'à la Corniche: ou si l'on ne la veut prendre que jusqu'à leur Chapiteau, on fera une autre grandeur de leur entablement qui est composé de l'Architrave, de la Frise, & de la Corniche, qui devra avoir sa mesure avec la Colonne entiere en Proportion Harmonique. Nous ne regarderons aussi les entrecolonnemens que comme nous ferions des croisées ou fenestres, qui doivent de-même avoir leurs Proportions Harmoniques avec la hauteur des Colonnes.

En faisant voir ainsi que nostre doctrine est la même que celle de Vitruve, on jugera bien que nous quittons volontiers la gloire de l'Invention, pour nous contenter de celle du Rétablissement d'une ancienne Doctrine, que nous cederons encore de bon cœur à ceux qui la mettront en pratique. Nous esperons que les Architectes, n'ayant plus rien à desirer pour la perfection de leur Art, reconnoîtront pour l'utilité du public les avantages de cette doctrine, qui leur donne des Regles fixes & certaines pour les mesures de leurs Edifices, dont la place étant assignée, & l'Ordre determiné, la disposition de chaque membre sera facile; qui les delivrera de la contradiction de leurs émules; qui les exemptera de la dépense des Modeles, & fera que l'Architecture ne dépendra plus du caprice ou de la jalousie des Maistres, qui ne sont jamais convenus de la beauté d'un ouvrage où ils n'auront point eû de part, faute de Regles pour en estre convaincus.

Nous esperons aussi que non seulement les Architectes, les Peintres, & les Sculpteurs qui y ont interest; mais tous les Curieux se rendront sçavans dans la Science des Proportions & du rapport des Nombres avec les Sons, apres que nous l'avons renduë si facile que la seule lecture de cét Ecrit suffit pour leur en procurer l'avantage.

Apres les Extraits, nous enseignerons ce que n'a pas fait Vitruve, le moyen de changer les Proportions selon l'étenduë des lieux plus grands ou moindres, & nous croirons avoir ainsi satisfait pleinement à ce que nous avons promis, pour l'entiere perfection de cét Art.

EXTRAITS DE VITRUVE touchant les Proportions des Bâtimens, par rapport aux Proportions de la Musique.

Des Proportions des Bâtimens par rapport à celles du Corps humain.

VITRUVE.

Liv. 3. Ch. 1. „ POur bien ordonner un Edifice, il faut avoir égard „ à la Proportion qui est une chose que les Archi- „ tectes doivent sur tout observer exactement. Or la „ Proportion dépend du Rapport que les Grecs appel- „ lent Analogie. Ce Rapport est la Convenance de me- „ sure (*Commodulatio*) qui se trouve entre une certaine „ partie de membres, & le reste de tout le corps de l'ou- „ vrage, par laquelle toutes les Proportions sont reglées. „ Car JAMAIS UN BASTIMENT NE POURRA „ ESTRE BIEN COMPOSE' S'IL N'A CETTE „ PROPORTION ET CE RAPPORT, & si toutes „ ses parties ne sont à l'égard les unes des autres, ce „ que celles du corps d'un homme bien formé sont, „ étant comparées ensemble.

Nombres Harmoniques. 1, à 10. „ Le corps humain a naturellement & ordinairement „ cette Proportion que le visage qui comprend l'espace „ qu'il y a du menton jusqu'au haut du front où est la ra- „ cine des cheveux, en est la dixiéme partie : la mesme „ longueur est depuis le ply du poignet jusqu'à l'extre- „ mité du doigt qui est au milieu de la main. Toute la „ teste qui comprend ce qui est depuis le menton jus- „ qu'au sommet, est la huitiéme partie de tout le corps: „ la même mesure est depuis l'extremité inferieure du „ col par derrere. Il y a depuis le haut de la poitrine

18, 6. „ jusqu'à la racine des cheveux une sixiéme partie, & jusqu'au

„ jusqu'au sommet une quatriéme : La troisiéme partie
„ du visage est depuis le haut du menton jusqu'au dessous 4 à 3.
„ du nez ; il y en a autant depuis le dessous du nez jus-
„ qu'aux sourcils, & autant encore de là jusqu'à la raci-
„ ne des cheveux qui termine le front : Le pied a la
„ sixiéme partie de la hauteur de tout le corps ; le cou-
„ de la quatriéme, de même que la poitrine. Les autres
„ parties ont chacune leurs mesures, & proportions sur
„ lesquelles les excellens Peintres, & Sculpteurs de l'an-
„ tiquité qu'on estime tant, se sont toûjours reglez : Et
„ il faut aussi que les parties qui composent un Temple
„ ayent chacune une correspondance convenable avec
„ le tout. Le centre du corps est naturellement au nom- 1 à 2.
„ bril, (qui le partage ainsi en deux moitiez égales.) Si
„ donc la Nature a tellement composé le Corps de l'hom-
„ me que chaque membre a une proportion avec le tout,
„ ce n'est pas sans raison que les Anciens ont voulu que
„ dans leurs Ouvrages ce même rapport des parties avec
„ le tout, se rencontrât exactement observé. Mais en-
„ tre tous les Ouvrages dont ils ont reglé les mesures, ils
„ ont principalement eu soin des Temples des Dieux,
„ dans lesquels ce qu'il y a de bien ou de mal fait, est ex-
„ posé au jugement de toute l'Eternité

APPLICATION.

LEs Proportions du Corps humain, & qui doivent estre celles des grands Edifices, sont dans ces nombres 1, 2, 3, 4, 6, 8, 10, qui font en Musique ces harmonies, ou sons : *Vt*, *Vt*^{2}, *Sol*^{2}, *Vt*^{3}, *Sol*^{3}, *Vt*^{4}, *Mi*^{4}; C'est à dire, l'Octave exprimée par l'*Vt* second ; la double Quinte exprimée par *Sol* second ; la 15, ou double Octave, *Vt* troisiéme ; la triple Quinte, *Sol* troisiéme ; la triple Octave, ou 22, *Vt* quatriéme ; la 24 majeure ou Tierce majeure par dessus la triple Octave, *Mi* quatriéme. Ce qui estant chanté ensemble rend toutes les harmonies de la Musique en même temps, comme un bâtiment construit dans ces Proportions representeroit à la veuë en même temps tous les agréemens qu'elle peut desirer.

DE LA PROPORTION DES *Temples, Places publiques, Basiliques, Hostel de Ville, Theatres, Bains, Maisons des particuliers, Vestibules, Ailes ou Galleries, Cabinets, Salles à manger, tant des Romains, que des Grecs.*

VITRUVE.

Liv. 3. Ch. 1. „ LA Proportion d'un *TEMPLE* doit estre telle que la
2 à 1. „ largeur soit la moitié de sa longueur, & que le de-
„ dans du Temple comprenant la muraille où est la por-
5 à 4. „ te, soit plus long d'une quatriéme partie qu'il n'est
„ large.

Liv. 5. Ch. 1. „ La grandeur des *PLACES PUBLIQUES* doit
„ estre proportionnée au nombre du peuple. La largeur
3 à 2. „ doit estre telle, qu'ayant divisé la longueur en trois par-
„ ties, on luy en donne deux; car par ce moyen la for-
„ me en estant longue, cette disposition donnera plus de
„ commodité pour les spectacles.

„ Les *BASILIQUES* ou Palais, pour la Justice &
„ autres affaires, qui sont dans les Places Publiques, doi-
1 à 3. „ vent avoir leur largeur de la troisiéme partie de leur
„ longueur ou de la moitié tout au plus, si ce n'est que
2 à 3. „ le lieu ne permette pas d'observer cette Proportion.
„ Car s'il y a beaucoup d'espace en longueur, on fera de
„ grandes Chambres ou Bureaux aux deux bouts, comme
„ on voit en la Basilique Julienne d'Aquilius.

„ La hauteur des Colonnes des Basiliques sera égale à
„ la largeur des Portiques, ou aisles à costé de la grande
„ voute du milieu, & cette largeur sera la troisiéme partie
„ de l'espace du milieu. Les Colonnes d'enhaut doivent
„ estre plus petites que celles d'en bas.

„ Les Basiliques sont capables de toute la majesté & de

,, toute la beauté de l'Architecture; J'en ay fait bâtir une
,, en la Colonie Julienne de Faro, où j'ay observé les pro-
,, portions qui suivent. La voute du milieu est longue de
,, six vingt pieds & large de soixante. Les Portiques, ou 12, 6.
,, aîles, qui sont au côté de la grande voute entre les murs
,, & les colomnes, ont vingt pieds de largeur. Les Colom- 2, 5.
,, nes avec les Chapiteaux ont toutes cinquante pieds
,, de hauteur & cinq de diametre, elles ont derriere elles
,, des pilastres de vingt pieds de haut, larges de deux pieds
,, & demy, & épais d'un pied & demy, pour soûtenir les
,, poutres qui portent les planchers des Portiques. Il y a
,, aussi dans le Temple d'Auguste, qui est placé au milieu
,, de la face de la Basilique, qui regarde le milieu de la
,, Place publique & le Temple de Jupiter, un Tribunal
,, en demy cercle, qui n'est pourtant pas entier, parceque
,, le demy cercle qui a de front quarente cinq pieds n'en 3 à 1.
,, a de profondeur que quinze, afin que les gens qui sont
,, dans la Basilique pour trafiquer, n'incommodent point
,, les Plaideurs qui sont devant les Juges.

,, Le Tresor public, la Prison, & *L'HOSTEL DE* Chap. 2.
,, *VILLE*, doivent estre sur la Place, en telle sorte
,, que leur grandeur soit proportionnée à celle de la Pla-
,, ce; sur tout il faut avoir égard à l'Hôtel de Ville, & fai-
,, re qu'il soit proportionné à la dignité de la Ville. Sa
,, proportion doit estre telle, que s'il est quarré, il soit plus
,, haut de la moitié qu'il n'est large, que s'il est plus long 2 à 1.
,, que large, il faut assembler la longueur & la largeur, 2, 3, 4.
,, & prendre la moitié du tour pour la hauteur au des-
,, sous du plancher: il faut que les murs en dedans ayent
,, tout autour, à la moitié de la hauteur, une corniche
,, de menuiserie ou de stuc. Car autrement la voix de
,, ceux qui parlent avec action dans ces lieux, s'éleveroit
,, si haut qu'elle se perdroit; ce que la corniche empê-
,, che: car elle ne permet pas à la voix de s'élever & de
,, se dissiper en l'air, mais elle la renvoye aux oreil-
,, les.

,, Les fondemens des *THEATRES* posez, on éle- Chap. 3.
,, vera les degrez qui seront bastis de marbre, ou de pier-
,, re. Les Palliers en forme de ceinture, doivent estre
,, faits selon la proportion que l'on donne à tous les Thea-

„ tres, afin qu'ils ayent une hauteur convenable à leur
„ largeur : parce que s'ils estoient trop relevez ils rejet-
„ teroient la voix en haut, & empécheroient qu'elle ne
„ pût frapper les oreilles, & se faire entendre distincte-
„ ment à ceux qui sont assis au dessus des Palliers : &
„ ainsi il faut que les degrez soient tellement disposez,
„ qu'une ligne estant conduite depuis le bas jusqu'au
„ haut, elle touche les angles de tous les degrez, afin que
„ la voix qui fait des cercles en l'air comme une pierre
„ jettée dans un étang, ne soit point empéchée, & que
„ ses cercles ne soient point confus. C'est pourquoy les
„ anciens Architectes ayant examiné la nature de la voix,
„ & considerant comme elle s'éleve en l'air par degrez,
„ ont reglé au juste l'élevation que les degrez du Thea-
„ tre doivent avoir ; & suivant la proportion Canonique
„ des Mathematiciens, & la Proportion Musicale, ils
„ ont tâché de faire que tout ce qui seroit prononcé
„ dans la Scene fût entendu clairement & distincte-
„ ment des spectateurs. Car comme les Anciens ont me-
„ suré les instrumens de Musique, & ont marqué sur
„ des lames de cuivre ou de corne les intervalles des
„ Dieses, (ou moindres intervalles de la Musique,)
„ afin que les sons que rendroient les cordes fussent
„ justes : ainsi par le moyen de la Science Harmonique
„ ils ont étably certaines Proportions pour aider à faire
„ entendre la voix dans les Theatres.

Et le reste qu'on peut voir en sa source.

Chap. 10. „ La grandeur des Bains publics doit estre proportion-
2 à 3. „ née au nombre du peuple ; mais leur proportion doit
„ estre telle qu'il leur faut de largeur un tiers moins que
„ de longueur, sans comprendre le Reposoir qui est au-
„ tour du Bain, & le Coridor.

LIV. 6. CH. 2. „ Le plus grand soin qu'un Architecte doit avoir, c'est
„ de proportionner tout son Edifice avec toutes les par-
„ ties qui le composent ; & il n'y a rien qui fasse tant pa-
„ roistre son esprit que lors que sans se departir des re-
„ gles generales qui sont établies pour la Proportion, il
„ peut oster, ou ajoûter quelque chose selon que la ne-
„ cessité de l'usage & la nature du lieu le demandent,
„ sans que l'on y puisse rien trouver à redire, ou que la

veuë

„ veuë en soit offensée : car les objets paroissent autre-
„ ment quand nous les pouvons toucher, que quand ils
„ sont élevez en haut; & ce qui est dans un lieu enfer-
„ mé a tout un autre effet que quand il est à découvert.
„ Or en ces choses, il faut un grand jugement pour bien
„ reüssir, d'autant que la veuë n'est pas toûjours certai-
„ ne, & que son jugement nous trompe souvent, com-
„ me on éprouve dans la peinture, où des Colonnes,
„ des Mutules, & des Statuës paroissent saillantes &
„ avancées hors le tableau que l'on sçait estre plat. Les
„ choses étant ainsi, je ne croy pas que l'on doive dou-
„ ter qu'il ne soit necessaire d'ajoûter, ou de diminuer en
„ changeant les Proportions, quand la nature des lieux
„ le demande, pourveu que l'on ne touche point aux
„ choses essentielles : Et c'est à cela que l'esprit & la
„ doctrine sont fort necessaires. Il faut donc en pre-
„ mier lieu établir une Regle de la Proportion, afin de
„ voir precisément de combien on s'en peut departir:
„ ensuitte il faut tracer un plan du bâtiment que l'on
„ entreprend qui contienne les longueurs, & les largeurs,
„ dont on prend toutes les Proportions *QVI PRO-*
„ *DVISENT CETTE BEAVTE' D'ASPECT*
„ qu'en voyant un Edifice, on s'apperçoit aisément
„ qu'on y a bien observé l'Eurythmie, ou cét *AIR*
„ *CHARMANT* dont je pourray parler maintenant,
„ enseignant par quel moyen on y peut parvenir.

„ Il y a trois sortes de *VESTIBVLES* selon la dif- *Chap. 4.*
„ ferente Proportion de leur longueur, & de leur lar-
„ geur. La premiere espece est, quand ayant divisé la
„ longueur des Vestibules en cinq parties, on en donne
„ trois à la largeur. La seconde, lors que l'ayant divisé en 3 à 5.
„ trois on en donne deux à la largeur: Et la troisiéme, lors 2 à 3.
„ qu'ayant fait un quarré equilateral, dont un costé fait
„ la largeur du Vestibule, on prend la diagonale de ce 3 à 4.
„ quarré pour la longueur. La hauteur est moindre que la
„ longueur de la quatriéme partie, à prendre au dessous
„ des poutres, & sans comprendre le reste de la hauteur 4 à 5.
„ qui vient de l'enfoncement des Plafonds des planchers,
„ où il y a des cavitez qui les font élever au dessus des
„ poutres; la hauteur de cét enfoncement se peut faire à
„ discretion. G

,, Les *AILES*, que l'on fait à droit & à gauche, doi-
1 à 3. ,, vent avoir la troisiéme partie de la longueur du Ve-
,, stibule, s'il est de trente à quarante pieds : mais si la lon-
,, gueur est de quarante à cinquante pieds, elle sera di-
,, visée en trois parties & demie, dont une sera pour les
1 à 4. ,, Aîles; ou si elle est de cinquante à soixante, les Aîles
,, en auront la quatriéme partie : Si elle est de soixante à
,, quatre-vingts, on la divisera en quatre & demie, &
,, on en donnera une à la longueur des Aîles : Enfin, si la
,, longueur est de quattevingts à cent pieds, la cinquié-
,, me partie sera justement la largeur des Aîles. Les Ar-
1 à 5. ,, chitraves des Aîles doivent estre mis assez juste pour
1, à 1. ,, faire que les hauteurs soient égales aux largeurs.

2 à 3. ,, Il faut donner aux Cabinets les deux tiers de la largeur
,, du Vestibule, s'il est de vingt pieds; ou s'il est de tren-
,, te à quarante, on ne luy en donnera que la moitié; &
1 à 2. ,, s'il est de quarante à cinquante, on divisera cette lar-
2 à 5. ,, geur en cinq, dont on en donnera deux aux Cabinets:
,, car les petits Vestibules ne doivent pas fournir les mê-
,, mes Proportions que les grands; parce que si on sui-
,, voit les Proportions des grands Vestibules dans les pe-
,, tits, les Cabinets & les Aîles des Vestibules ne se-
,, roient d'aucun usage: Et si au contraire on se servoit
,, des Proportions des petits Vestibules pour les grands,
,, les Aîles & les Cabinets seroient trop vastes. C'est
,, pourquoy je croy qu'en general on doit regler les gran-
,, deurs des bâtimens par la commodité que leur usage
,, demande, & par ce que la veuë peut souffrir sans estre
,, offensée.

,, La hauteur du Cabinet doit sous poutre estre pareil-
,, le à sa largeur, à laquelle on aura ajoûté la huitiéme
,, partie. L'enfoncement des Plafonds du plancher doit
,, ajoûter à cete hauteur la sixiéme partie de la largeur.
,, La grande entrée des plus petits Vestibules sera des
,, deux tiers de la largeur du Cabinet; & aux grands, elle
,, sera de la moitié.

,, La hauteur des Images avec leurs ornemens sera pro-
,, portionnée à la largeur des Aîles. La largeur des portes
,, sera proportionnée à leur hauteur selon les regles de
,, l'Ordre Dorique si elles sont Doriques, ou selon la
,, proportion de l'Ordre Ionique, si elles sont Ioniques.

„ La même proportion sera observée à l'égard de la me-
„ nuiserie des portes, comme il a esté prescrit au qua-
„ triéme Livre. La largeur de l'ouverture du haut ne doit
„ jamais estre moindre que du quart, ny plus grande que
„ du tiers de la largeur du Vestibule: la longueur doit
„ estre à proportion & suivant celle des Vestibules.

„ Les Peristyles doivent estre plus longs en travers de
„ la troisiéme partie, qu'ils ne sont en avant: leurs Co-
„ lonnes seront aussi hautes que les Portiques sont lar-
„ ges: les Entrecolonnemens n'auront pas moins que les
„ diametres de trois Colonnes, ny plus que les diame-
„ tres de quatre, si ce n'est qu'on veüille faire ces Co-
„ lonnes des Peristyles d'Ordre Dorique, auquel cas il
„ faudra regler leurs Proportions, & celle des Trigly-
„ phes sur ce que que j'ay écrit au quatriéme Li-
„ vre.

„ Les Sales à manger doivent estre deux fois aussi lon- *Chap. 5.*
„ gues que larges. A l'égard de la hauteur, c'est une 4. à 2.
„ regle, que pour avoir celle de toutes sortes d'apparte-
„ mens qui sont plus longs que larges, il faut assembler
„ leur longueur, & leur largeur, & prendre la moitié de
„ cette somme pour leur hauteur. Que si les grandes Sal- 4, 3, 2.
„ les, & les Cabinets de Conversation sont quarrez, on
„ ajoûtera la moitié de la largeur pour avoir la hauteur. Les
„ Cabinets de Tableaux de même que ceux de Con-
„ versation, doivent estre amples. Les grandes Salles
„ Corinthiennes, & les Tetrastyles, (ou à quatre Colon-
„ nes) & celles que l'on appelle Egyptiennes, doivent
„ avoir pour leur longueur & largeur les Proportions
„ pareilles à celles qui ont esté prescrites pour les Salles
„ à manger, mais il les faut faire tres-spacieuses à cause
„ des Colonnes.

„ On fait encore de grandes Salles d'autres manieres *Chap. 6.*
„ que celles que l'on voit en Italie, appellées en Grec
„ Cyziennes (du nom de la ville de Cyzique celebre par ses
„ Bâtimens.) On les fait tournées au Septentrion, en sorte
„ qu'elles ont veuë le plus souvent sur les Jardins, &
„ que leurs portes sont dans le milieu. Ces Salles doi-
„ vent estre larges. Elles ont à droit & à gauche des
„ fenestres qui s'ouvrent comme des portes, afin que de
„ la table on puisse voir dans les Jardins. La hauteur de

4,3,2. „ ces Salles eſt la moitié de la largeur ajoûtée à cette „ méme longueur.

„ Dans toutes ces ſortes d'Edifices, il faut s'accommo- „ der à la ſituation du lieu ; & ſur tout il faut prendre „ garde que la hauteur des murs voiſins n'oſte pas le „ jour ; car cela arrivant à cauſe du peu d'eſpace, ou pour „ quelque autre raiſon que ce ſoit, il faut augmenter, „ ou diminuer avec tant d'adreſſe les Proportions que „ nous avons preſcrittes, que ce que l'on fera ſemble n'a- „ voir rien qui y ſoit contraire.

APPLICATION.

IL eſt aiſé de faire l'Application de ces meſures aux proportions harmoniques, & de ces proportions aux ſons de la Muſique, en ſuivant la maniere que nous avons donnée en la page 7. (où il faut corriger en la 20. ligne le nombre de 16. qui eſt mis au lieu de 6.) Nous ne nous arrêterons donc pas davantage ſur le rapport des Nombres avec les Sons & Intervalles de la Muſique, puiſque nous l'avons fait tres-amplement dans l'Ecrit precedent, & qu'il n'y a perſonne qui ne puiſſe le faire de luy méme, en demeurant d'accord que Vitruve a ſuivy la Regle des Proportions Harmoniques en toutes les meſures qu'il a données, quoy que, comme nous l'avons dit, il ne les ait pas qualifiées de ce nom. Nous ferons ſeulement icy quelques Remarques pour la pratique de ces Proportions.

La premiere, que nous avons déja indiquée, qu'il n'eſt pas neceſſaire d'obſerver à la rigueur ces proportions harmoniques, que dans les lieux qui ſe preſentent à meſme temps à la veuë, par exemple, dans la face d'un bâtiment, ou meſme dans les parties d'un ſeul étage; dans les ouvertures d'une meſme Chambre, & dans tous les membres qui la compoſent, telles que ſont les portes, les feneſtres, la cheminée & les retranchemens ou Cabinets, en ſorte que toutes ces parties ayent leurs proportions harmoniques avec la longueur, la largeur & la hauteur de la Chambre; ſans qu'on ſe doive mettre en peine de la proportion qui ſera dans une Chambre à coſté, au deſſus ou au deſſous. Quand les croiſées entieres ou demy croiſées ont des proportions trop éloignées, ſuivant la remarque de la page 11. on les approchera par le moyen des travers des differentes croix. Ainsi une croisée qui a sa hauteur en proportion triple ou quadruple avec sa largeur, de 4 ou de 3 à 12, pourra avoir un travers en proportion sesquialtere, un autre en proportion sesquitierce, sesquiquarte, & sesquiquinte ou autres harmoniques, comme 4, 6, 8, 10, 12, ou simplement 4, 8, 12, ou 3, 6, 9, 12. La seconde Remarque est, que nous avons mis les proportions données par Vitruve en leurs moindres termes, par exemple, la proportion double d'1 à 2; qui peuvent estre neanmoins en une infinité de manieres sans changer le genre ny l'espece de la proportion, comme 2 à 4, 3 à 6, 6 à 12, 12 à 24 &c. Nous avons obmis celles qui sont en nombres rompus, ou qui ne sont pas tout-à-fait harmoniques, en faisant toutefois observer que les proportions de cette nature ne regardent pas la mesme piece, ou ne se voyent pas à mesme temps. Nous n'en avons changé qu'une de 15 à 45 au lieu de 46, qui seroit une faute dans Vitruve, si elle n'est pas venue de ses Copistes, comme plusieurs autres dans les nombres que M. Perrault a judicieusement remarquées & corrigées. La troisiéme Remarque est sur la maxime generale que donne Vitruve pour regler les hauteurs des appartemens sur la moitié des longueurs & largeurs adioûtées ensemble, pour lesquelles nous avons mis les trois nombres 2, 3, 4: sçavoir 4, pour designer la longeur, 2 pour la largeur, & 3 qui est la moitié de 6 composé de 2 & de 4 adioûtez ensemble, pour designer la hauteur. De maniere que si une Chambre ou Salle, par exemple, a 4 thoises de long, 2 de large, elle en devra avoir 3 de haut. Ce sont, dit-il, les mesures des lieux qui sont plus longs que larges. Mais ceux qui sont quarrez, c'est à dire, dont la largeur est égale à la longueur, on adioûtera, dit-il, la moitié de la largeur pour avoir la hauteur. Ainsi une Salle qui seroit longue & large de 4 thoises, seroit haute de 6, ce qui ne se doit entendre que des Chambres ou Salles voutées: Car il suffit pour une Chambre à plancher qu'elle soit quarrée sous poutre en tout sens, à moins qu'elle ne fut extremement vaste. C'est icy où nous croyons qu'il faut user de l'adresse que vient de recommander nostre Auteur, de changer les Proportions suivant les lieux, & pour cela nous allons parler

DV CHANGEMENT DES PROPORTIONS.

IL y a de trois ſortes de Changement de Proportions, changement de nombres ou grandeurs dans le meſme genre de Proportion : changement de genre , & changement d'eſpece. Nous ſuppoſons icy que tout le monde ſçait qu'il y a cinq genres de Proportion, ſurparticulier, ſurpatient-multiple, multiple-ſurparticulier, & multiple-ſurpatient , & que chaque genre contient une infinité d'eſpeces. Le changement de nombres dans le meſme genre de Proportion, arrive quand au lieu de grands nombres ou de moindres , on en met de moindres ou de plus grands, dans la meſme proportion. Par exemple, ayant pris dans la proportion double le nombre 9 , & mis enſuite 18 , 36 , 72 , &c. Si j'en veux de moindres, je mettray 8, 16 , 32, 64 , &c. ou 7 , 14 , 28 , 56 , &c. ou 6, 12, 24, 48, &c. Ou ſi l'on en veut prendre de plus grands on les changera de meſme, ſans changer le genre de proportion, par exemple, 10 , 20 , 40 , 80 , &c. qui ſont tous dans la proportion multiple double. Le changement de genre , eſt lorſqu'au lieu d'une proportion multiple, comme eſt la double , on en prend dans un autre genre , comme ſeroit par exemple , dans le genre ſurparticulier. Et comme le genre ſurparticulier dans la ſuite ne ſeroit plus harmonique ; par exemple, dans la premiere eſpece ſurparticuliere 4, 6 , & 9 , quoy que les deux premiers nombres 4 & 6 , ſoient harmoniques , faiſant enſemble la quinte , 6 & 9 auſſi , neanmoins 9 n'eſt pas harmonique à l'égard de 4 , puiſqu'il fait la neuviéme contre luy, qui eſt une diſſonance en Muſique, cela oblige de faire le Troiſiéme changement qui eſt celuy de l'eſpece, en paſſant par exemple, de la ſeſquialtere à la ſeſquitierce & mettant 4, 6, 8. On peut croire que Vitruve a entendu parler du premier & dernier changement qui eſt d'allonger ou de racourcir les meſures & les rendre agreables à la veuë & proportionnées aux lieux. Et quand il y a peu de grandeurs à obſerver, le premier changement peut ſuffire, pourveu qu'il ſoit en la porportion double, qui eſt la ſeule harmonique que gardent les Architectes d'aujourd'huy.

Mais s'il y a beaucoup de grandeurs, on fait un mélange

de differens genres & especes de proportions harmoniques, qu'on peut encore diminuer ou augmenter suivant l'espace des lieux plus petit ou plus grand.

EXEMPLE.

SI l'on veut faire une Porte magnifique accompagnée de deux autres portes moyennes, ou un Arc de Triomphe qui ait trois ouvertures, une grande & deux moyennes, & que tout l'ouvrage conserve en toutes ses parties les proportions harmoniques, on le pourra faire en une infinité de manieres par les differens changemens des proportions, sans neanmoins se départir des regles que nous avons posées pour l'harmonie. Nous ne parlons que des mesures sans avoir aucun égard aux ornemens qui peuvent aussi varier en beaucoup de manieres & que nous pretendons de mesme devoir estre disposez harmoniquement. Voicy une maniere. Nous prenons pour nostre plus petite mesure le nombre 9, qui sera par exemple de 9 pieds, que nous donnons à la largeur des deux extremitez du massif jusqu'à chacune des deux ouvertures moyennes. Chaque ouverture ou porte moyenne aura 18 pieds de large & 36 de haut. Les deux espaces de massif qui seront de chaque costé entre les portes moyennes & la grande Ouverture, auront chacun 13 pieds & demy. La grande Ouverture aura 27 pieds de large & 54 de haut. On pourra disposer les distances au dessus du grand Arc pour placer les ornemens dans ces proportions depuis 54 jusqu'à 72, & delà monter jusqu'à 90 & finir au 108 pied, qui est la hauteur égale à la largeur. Ces nombres 9, 13 & demy, 18, 27, 36, 54, 72, 90, 108, estant reduis à leurs moindres termes, 2, 3, 4, 6, 8, 12, 16, 20, 24, font en Musique ces Harmonies ou Consonances, *Vt*, *sol*, *vt*, ^{2}*sol*^{2}, *vt*^{3}, *sol*^{3}, *vt*^{4}, *mi*^{4}, *sol*^{4}, & doivent faire à la veuë un agreement pareil à celuy que reçoit l'oreille les entendant toutes ensemble. Si l'on les veut diminuer en conservant la mesme proportion & les mesmes harmonies, on le fera en descendant par degrez tant qu'on voudra, comme 8, 12, 16, &c, ou 6, 9, 12, &c. Ou si l'on les veut augmenter, on mettra 10, 15, 20 &c. selon la grandeur du lieu ou l'on aura dessein de dresser l'Ouvrage.

Ce changement de Nombres qui conserve les mesmes proportions, n'est pas proprement un changement. Voicy donc une autre maniere ou changement de genre & d'espece. qui change la disposition des parties les unes aux autres, en conservant neanmoins toûjours son harmonie.

Si l'on veut que le massif des deux extremitez & des espaces du milieu soit plus fort & capable de recevoir des ornemens ou colomnes, on donnera à chaque extremité 20 ou 24 pieds si 16 ne suffisent pas, & à chaque espace moyen 24 pieds. Chaque ouverture moyenne aura 16 pieds de large & 32 de haut, la grande en aura 32 de large & 64 de haut : puis au dessus de 64 il y aura des distances proportionnées 80, 96, & si l'on veut 128. Ce qui fera ces proportions 2, 3, 4, 8, 10, 12, 16, & ces harmonies *ut*, *sol*, *ut* 2, *ut* 3, *mi* 3, *sol* 3, *ut* 4.

Ces Regles estant infaillibles & fondées sur l'analogie de nos deux plus nobles Sens, en qui nostre Ame desire la mesme proportion, nous croyons qu'elles seront receües & pratiquées par les Architectes, qui n'y avoient pas fait reflexion ; Qu'ils reconnoîtront qu'il n'y avoit que ce moyen qui pût donner à leur Art des Principes certains & incontestables, & qu'il n'y aura plus de veritable Architecture si elle n'est Harmonique.

EXTRAIT DU PRIVILEGE DU ROY.

PAR Grace & Privilege du Roy en datte du 4. de Mars 1677. Signé BOCTOIS : Il est permis au Sieur RENE' OUVRARD, de faire imprimer & vendre un Ouvrage de Musique en françois & en latin, avec plusieurs Traitez de Physique, Mathematique & autres matieres qui regardent cette Science, pendant 20. années consecutives. Et défenses à tous Imprimeurs ou Libraires d'imprimer & vendre ledit Livre ou partie d'iceluy aux peines portées par ledit Privilege.

Registré sur le Livre de la Communauté des Marchands Libraires Imprimeurs à Paris le 2. Mars, 1677. Signé THIERRY, *Scindic.*

ANNEXE

François Blondel, *Cours d'architecture...*, Paris, 1683, Cinquième partie, v, ch. 11-12, p. 756-760

CHAPITRE 11.
Application des proportions de la musique à l'architecture par M. Ouvrard.

Monsieur Ouvrard, ci-devant maître de musique à la Sainte-Chapelle, l'un des plus savants hommes de notre siècle, particulièrement pour la théorie de cette science, a donné depuis peu d'années un petit livre au public qu'il appelle *Architecture harmonique, ou l'Application de la doctrine des proportions de la musique à l'architecture*, dans lequel il dit premièrement que son ouvrage, quoiqu'il soit plutôt le rétablissement d'une ancienne doctrine que l'invention d'une nouvelle, ne laisse pas d'être préférable à beaucoup d'autres. Et que quand sa Majesté a proposé un prix pour celui qui inventerait un nouvel ordre d'architecture, Elle demandait moins que ceci, puisque sans la doctrine des proportions harmoniques, tous les ordres d'architecture ne sont qu'un amas confus de pierres sans règle et sans ordre.

Puis il enseigne que toutes les consonances possibles sont renfermées dans le rapport que les six premiers nombres ont entre eux et avec leurs multiples, et trouve cinquante-cinq consonances différentes en comparant seulement entre eux ces onze nombres 1, 2, 3, 4, 5, 6, 8, 10, 12, 16, 20. C'est-à-dire que ces nombres ou sons étant entendus ensemble font une harmonie agréable composée de cinquante-cinq différents accords, <à> savoir de l'octave 1:2, de la quinte 2:3, de la quarte 3:4, de la tierce majeure 4:5, de la tierce mineure 5:6, de la sixième mineure 5:8, et de la sixième majeure 3:5, qui sont consonances que l'on appelle simples. Toutes les autres sont composées de celles-ci, comme la douzième ou quinte sur l'octave 1:3 ; la quinzième ou double octave 1:4 ; la dix-septième ou quinte sur la double octave 1:6, etc. (ce qui se peut multiplier à l'infini). D'où il infère que comme les sons qui ne sont pas dans la proportion de ces nombres offensent l'oreille, ainsi toutes les mesures qui n'auront pas ces rapports dans l'architecture seront désagréables à la vue. Avec cette différence néanmoins : que les proportions de musique sont dans un point indivisible, au lieu que la vue n'est pas si subtile pour apercevoir les petits défauts des proportions, et que l'*accoutumance d'en voir peu de régulières rend supportables celles qui ne le sont pas*. De plus comme il n'y a que les sons qui frappent ensemble qui doivent être consonants, ainsi dans l'architecture il n'y a que ce qui se présente en même temps à la vue, qui doive avoir ces proportions, comme sont les fenêtres d'un bâtiment, la hauteur et la largeur d'une façade, etc. Il est vrai que la vue, embrassant beaucoup plus de choses en même temps que l'ouïe, la beauté de toutes les parties d'un bâtiment serait charmante, si elles pouvaient avoir ensemble les rapports qui font harmonie sans qu'il fût besoin de leur donner d'autres ornements[1].

Il dit dans un autre endroit que toutes les sons, quoique harmoniques, ne sont pas utiles en musique s'ils ne peuvent être entonnés d'une seule voix, c'est-à-dire s'ils sont éloignés l'un de l'autre par des intervalles plus grands que celui de l'octave. D'où il arrive que l'on n'en peut pas entonner d'autres que ceux qui se rencontrent entre des nombres contigus, et que lorsque l'on veut mettre en chants des nombres interrompus, il faut placer entre eux des harmoniques qui se trouvent entre eux. Comme l'intervalle de ces deux nombres 1:3, qui est celui de la douzième – c'est-à-dire de la quinte sur l'octave –, ne peut être entonné d'une seule voix à cause de sa trop grande étendue qui surpasse celle de l'octave, qui s'entonnera néanmoins avec facilité si l'on met le nombre harmonique 2 qui se rencontre entre 1 et 3, et qui sera l'octave avec le premier 1, et la quinte avec l'autre 3, ainsi dans l'architecture, la distance par exemple de ces deux grandeurs 18 et 54 qui est en même proportion que 1:3, a besoin d'une grandeur entre deux qui est celle de 36 pour faire à la vue une distance agréable, et dont la proportion ne soit pas trop éloignée.

Je ne parle point de quelques pensées de bâtiments qu'il propose sur les proportions harmoniques. J'ajouterai seulement à ce que j'ai déjà dit, que le même auteur fait voir, pour confirmer la doctrine par le détail des mesures du Temple de Salomon que l'on trouve marquées dans

1 Dans ce chapitre, Blondel ne fait que résumer la pensée d'Ouvrard, sans ajouts personnels. Il est néanmoins remarquable que, à la première occasion, la référence directe à l'« accoutumance » de Perrault soit bien soulignée et mise en évidence.

l'Écriture Sainte, que toutes les parties de ce temple étaient entre elles en proportion des nombres harmoniques. Il en fait autant de la plupart de celles de Vitruve, dont il fait une recherche fort exacte, commençant par ce que Vitruve dit des proportions du corps humain, qui doivent être la règle des mesures des bâtiments. Et passant à celles qu'il donne pour les temples, les théâtres, les bains, les vestibules, dans les maisons particulières, leurs ailes, les cabinets, les péristyles, les salles, et enfin toutes les parties des édifices, dont M. Ouvrard fait un détail fort exact, pour montrer que toutes leurs mesures sont entre elles en la raison des nombres harmoniques. Il ajoute dans la suite des règles pour l'application de ces proportions et des moyens de les pouvoir changer dans le besoin, dont je ne ferai pas un plus long discours, me contentant seulement de dire, que si cette doctrine n'est pas capable, comme il dit, de rétablir entièrement la bonne architecture, et d'y former des règles invariables, elle peut au moins contribuer beaucoup à en redresser les pratiques et à donner des ouvertures aux architectes, dont ils pourront se servir aux occasions pour mettre leurs productions en tel ordre, qu'ils soient assurés du bon succès de leurs desseins[2].

CHAPITRE 12.
Suite de la même pensée.

Persuadé de cette pensée et de ce beau mot de Pythagore, dont j'ai parlé ci-devant, qui dit *que la Nature est toujours la même en toutes choses*, et que les mêmes nombres qui font que les voix différentes frappent agréablement nos oreilles dans un concert, sont les mêmes qui font que les objets remplissent nos yeux ou plutôt notre âme d'un plaisir merveilleux[3], j'ai travaillé autrefois avec assez d'étude sur le même sujet, que j'avais

2 Étrange désaveu d'une théorie que l'on cherche de promouvoir sans pour autant y croire vraiment. Le même jugement touchera l'œuvre de François Bernin de Saint-Hilarion : Blondel semble recourir à tout pour démentir la thèse de Perrault. Sur cette attitude, voir § *Contexte*, p. 40-41, n. 99-100.

3 Citation littérale tirée de Alberti 1485, IX, 5, f. y ii r. : « *Hi quidem numeri per quos fiat vocum illa concinnitas auribus gratissima reddatur, hidem ipsi numeri perficiunt, ut oculi animusque voluptate mirifica compleantur. Ex musicis igitur, quibus his tales numeri explorantissimi sunt, atque ex his præterea, quibus natura aliquid de se conspicuum dignumque præstate, tota finitionis ratio producetur* ». Voir § *Introduction*, p. 17, n. 12, mais surtout, en référence à Ouvrard : § *Modèles*, p. 44, n. 108.

peut-être approfondi au-delà de tout ce qui en avait été dit par d'autres. Car outre que j'avais expliqué les exemples tirés de la doctrine de Vitruve, que M. Ouvrard a judicieusement rapportés, et les sentiments de tous les autres architectes, je m'étais particulièrement appliqué à rechercher, dans la nature même, les causes qui produisent des effets tellement semblables par des organes différents. Je voulais même appuyer ce que je croyais en avoir découvert par l'autorité des pratiques des anciens architectes, dans les ouvrages desquels (après les avoir examinés fort scrupuleusement), je trouvais les traces admirables de cette unité qui se rencontre dans toutes les manières d'agir de la nature, et qui me faisaient juger qu'elle se sert des mêmes proportions partout pour produire les mêmes effets dans notre âme, par le ministère des sens quelques différents qu'ils puissent être.

Cela me donnait sujet de raisonner de cette manière. Comme la base attique décrite par Vitruve est à mon sens un des plus beaux et des plus parfaits morceaux que nous ayons dans les parties des ordres de l'architecture (et c'est ainsi qu'en ont parlé tous les Architectes qui ont eu de la réputation), ne pourrait-on pas dire que le plaisir qu'elle donne à nos yeux vient peut-être de ce que les parties sont entre elles en la proportion de ces nombres, 20, 15, 12, 10 ? qui forment dans la musique un accord parfait dans un mode plagal comme le quatrième qui est en *A mi la*, dans lequel l'octave entre *A* et *a* (dont la raison est la même que celle de la plinthe de la base ou tore supérieur) est divisée Arithmétiquement en *D la ré*, faisant la quarte *A D* en bas (en la raison de la plinthe ou tore supérieur), et la quinte *D a* en haut (en la raison du tore inférieur au tore supérieur). De plus la quinte *D a* est aussi divisée harmoniquement en *F*, faisant la tierce mineure *D F* en bas (en la raison du tore inférieur à la scotie), et la tierce majeure *F a* en haut (en la raison de la scotie au tore inférieur)[4].

[Figure 5]

Quant aux filets qui accompagnent la scotie, on peut dire qu'ils sont dans l'architecture ce que les notes *fuses* & *semi-fuses* sont dans la musique, où elles servent à faire des passages qui par leur modulation font goûter les notes essentielles des accords avec plus de douceur[5]. Si l'on mettait

---

4 Comme je l'ai déjà signalé au § *Réception*, p. 56, Blondel se trompe dans ses rapports de proportion : 15:12 désigne l'intervalle de tierce majeure et non celui de tierce mineure ; tout comme 12:10 est une tierce mineure et non majeure, et 20:12 correspond à une sixte majeure, et non mineure. La série est donc erronée ; mais on ne saura en tirer une faute majeure : il pourrait s'agir d'une simple étourderie avant l'impression de l'ouvrage.

5 Sur la signification de ces deux termes – notes *fuses* et *semi-fuses* – et l'histoire de leurs réception et manipulation, voir § *Réception*, p. 57-63.

un socle sous la plinthe de la base, dont la hauteur fut double de celle du tore inférieur, l'on aurait un assemblage de moulures en la raison de ces nombres 30, 20, 15, 12, 10, dont l'aspect serait agréable par la même raison qu'ajoutant en musique au mode plagal (dont je viens de parler), une note plus basse d'une quinte, l'assemblage des six notes seraient en la proportion des mêmes nombres et produiraient l'un de ces trois modes authentiques, <à> savoir le phrygien de *D* en *d* dont la dominante est en *A* (où l'octave est divisée harmoniquement), et la médiante en *F* (où la quinte est aussi divisée harmoniquement). Ou bien le lydien de *E* en *e* dont la dominante est ♮ et la médiante en *G*. Ou enfin le mode éolien de *A* en *a*, dont la dominante est en *E* et la médiante en *C*.

C'est peut-être par la même raison que la division des bandes de l'architrave ionique, suivant ces nombres 5, 4, 3, nous semble belle, parce qu'elle produit en musique une consonance que l'on appelle une sixième majeure entre les extrêmes, divisée par le terme moyen qui fait la tierce majeure en bas et la quarte en haut. Et cet accord est agréable par supposition, c'est-à-dire que si vous supposez ou sous-entendez un autre terme plus bas qui soit 6 (et qui fasse par conséquent une tierce mineure avec le plus grave des posés 5), vous aurez un mode authentique parfait dont les sons seront en la proportion des nombres 6, 5, 4, 3, dont le premier 6 sera le son fondamental du chant, qui fera avec le dernier 3 une octave divisée harmoniquement par le moyen 4 avec la quinte en bas (en la raison de 6:4), et la quarte en haut (en la raison de 4:3), et ce son moyen sera le dominant du mode. La quinte sera de plus divisée arithmétiquement par le terme le plus grave des posés, c'est à dire par 5, avec la tierce mineure en bas (en la raison de 6:5), et la majeure en haut (en celle de 5:4), et ce son 5 sera la terme médian du même mode.

Sur quoi, je ne puis m'empêcher de dire en passant, quoique cela ait peu de rapport au sujet de l'architecture que nous traitons, que la doctrine de la supposition dans la musique est peut-être la fondamentale de la théorie démonstrative de la composition, à laquelle je ne vois pas que personne se soit encore appliqué de bonne manière[6]. Au moins dans tout ce que j'ai lu dans les livres des maîtres de cet art, je n'ai rien remarqué qu'un amas de cas différents de pratique, quoiqu'il ne soit peut-être pas impossible de trouver des règles pour la suite des

6 En réalité, Ouvrard justement s'y était déjà appliqué, dans le premier des ses traités, le *Secret pour composer en musique* (1658). Sur la théorie de la supposition, dont l'adoption par Blondel souligne de toute façon son souci de nature fondamentalement esthétique, voir § *Réception*, p. 67, n. 184.

accords dans la composition par le moyen de la supposition, c'est-à-dire en sous-entendant les notes dans toutes les espèces de consonances qui peuvent achever des modes authentiques. Mais je ne veux rien dire sur ce sujet, non pas même sur un million d'autres exemples que je pourrais rapporter des proportions harmoniques, qui se trouvent dans les plus belles parties de l'architecture, parce que je ne désire pas que l'on croie que je veux, comme on dit, *mettre ma faux dans la moisson d'autrui*.

D'autant plus que j'ai remarqué qu'outre ces proportions harmoniques, il y en a quantité d'autres qui font un très bon effet en architecture, comme a fort bien remarqué Léon Baptiste Alberti, lesquelles se trouvent pour la plupart enfermées sous des genres qui n'ont pas été bien connus par les Anciens, et dont j'ai tâché d'approfondir la doctrine dans le livre que j'ai composé sous le titre d'*Éléments géométriques de certaines espèces de proportions que les Anciens ont appelées des médiétés*, entre lesquelles la proportion arithmétique, la géométrique et l'harmonique, dont a parlé le même Baptiste Alberti, ne sont que les premières espèces.

BIBLIOGRAPHIE

SOURCES MANUSCRITES

BERNIN DE SAINT-HILARION, François, *Des proportions d'architecture*, München, Bayerische Staatsbibliothek, Cod. icon. 193.

BROSSARD, Sébastien de, *Catalogues des livres de musique théorique et pratique, vocalle et instrumentale*, Paris, Bibliothèque nationale, Rés. Vm^8 20 (éd. mod. : Yolande de Brossard, *La Collection Sébastien de Brossard*, Paris, Bibliothèque Nationale de France, 1986).

GAUTIER, Denis, *La Rhétorique des Dieux*, Berlin, Staatliche Museum Preussischer Kulturbesitz, ms. 78C12.

NICAISE, Claude, *Correspondance*, II, Paris, Bibliothèque nationale de France, ms. fr. 9360, t. 2, ff. 1r-111r.

OUVRARD, René, *La musique rétablie depuis son origine, et l'Histoire des divers progrez qui s'y sont faits jusqu'à notre temps*, Tours, Bibliothèque municipale, mss. 821-822.

OUVRARD, René, *Testament de Monsieur Ouvrard, 18 juillet 1694*, Tours, Archives départementales, Série G 146.

VITRUVIUS, *De architectura libri decem* (éd. critique par Pierre Gros, Paris, Les Belles Lettres, 2015).

SOURCES IMPRIMÉES

ALBERTI, Leon Battista, *De re ædificatoria…*, Florence, N. di Lorenzo, 1485.

BARBARO, Daniele, *I dieci libri dell'architettura di M. Vitruvio tradutti e commentati…*, Venezia, F. Marcolini, 1556.

BARBARO, Daniele, *I dieci libri dell'architettura di M. Vitruvio tradutti e commentati… riveduti et ampliati ; et hora in più commoda forma ridotto*, Venezia, F. De Franceschi & J. Criegher, 1567.

BARBARO, Daniele, *M. Vitruvii Pollionis De architectura libri decem, cum Commentariis Danielis Barbari*, Venezia, F. De Franceschi & J. Criegher, 1567.

BÉROALDE DE VERVILLE, François, *Le tableau des riches inventions couvertes du voile des feintes amours, qui sont représentées dans le songe de Poliphile...*, Paris, Mathieu Guillemot, 1600, Paris, Pierre Aubouyn, 1657.

BLONDEL, François, *Cours d'architecture enseigné dans l'Académie royale d'architecture*, 3 vols, Paris, P. Abouin & F. Clouzier ; Chez l'auteur & N. Langlois, 1675-1683.

BOILEAU, Nicolas, *Le lutrin. Poème héroïco-comique*, Paris, D. Thierry, 1674.

BONA, Giovanni, *Psallentis ecclesiæ harmonia*, Roma, J. P. Collinii, 1653.

BRISEUX, Charles-Estienne, *Traité du beau essentiel dans les arts... avec un Traité de proportions harmoniques...*, Paris, Chez l'Auteur & J. Chereau, 1752.

BOTTARI, Giovanni, *Raccolta di lettere sulla pittura, scultura ed architettura...*, 8 vols, Milano, Giovanni Silvestri, 1822-1825.

BROSSARD, Sébastien de, *Dictionnaire de musique...*, Paris, Cristhophe Ballard, 1703.

CELLAURO, Louis, RICHAUD, Gilbert, *Antoine Desgodets, Les édifices antiques de Rome*, Édition fac-similé du Manuscrit 2718 de l'Institut de France, avec transcriptions, annotations, et reproduction des planches du volume publié en 1682, Roma, De Luca Editore d'Arte, 2008.

CHALMEL, Jean-Louis, *Histoire de Touraine, depuis la conquête des Gaules par les Romains, jusqu'à l'année 1790...*, 4 vols, Tours-Paris, Aigre-Chamerot, 1841 (1re édition : Paris, H. Fournier jeune, 1828).

COMOLLI, Angelo, *Bibliografia storico-critica dell'architettura civile ed arti subalterne*, 4 vols, Roma, Stamperia Vaticana, 1788-1792.

COLONNA, Francesco, *Hypnerotomachia Poliphili*, Venetiis, in ædibus Aldi Manutii, 1499 (éd. mod. : Marco Ariani, Mino Gabrieli, 2 vols, Milano, Adelphi, 1998).

D'ANDILLY, Arnaud, *Histoire des Juifs, escrite par Flavius Joseph sous le titre de « Antiquités judaïques »...*, Paris, P. Le Petit, 1667.

DE L'ORME, Philibert, *Premier tome de l'architecture...*, Paris, F. Morel, 1567.

DESGODETS, Antoine, *Les édifices antiques de Rome dessinées et mesurés exactement...*, Paris, J.-B. Coignard, 1682 (reproduction anastatique par Hélène Rousteau-Chambon, Paris, Picard, 2008).

FÉLIBIEN, André, *Des principes de l'architecure, de la sculpture, de la peinture..., avec un Dictionnaire des termes...*, Paris, J.-B. Coignard, 1676.

FÉLIBIEN, André, *Recueil historique de la vie et des ouvrages des plus célèbres architectes*, Paris, J.-B. Coignard, 1687.

FÉLIBIEN, André, *Mémoire pour servir à l'histoire des maisons royales et bâtiments de France*, Paris, J. Baur, 1874.

FRÉART DE CHAMBRAY, Roland, *Parallèle de l'architecture antique et moderne...*, Paris, E. Martin, 1650 (éd. mod. par Frédérique Lemerle, Paris, École Nationale Supérieure des Beaux-Arts, 2005).

FRÉART DE CHANTELOU, Paul, *Journal de voyage du cavalier Bernin en France, par M. Chantelou, manuscrit inédit publié et annoté par Ludovic Lalanne*, Paris, Gazette des Beaux-Arts – extrait, 1885 (éd. critique par Milovan Stanic, Paris, Macula, 2001).

GALIANI, Berardo, *L'Architettura di Marco Vitruvio Pollione tradotta e commentata*, Napoli, Stamperia Simoniana, 1758 (éd. mod. de la deuxième édition, Siena, Luigi e Benedetto Bindi, 1790, par Alessandro Pierattini, Roma, Dedalo, 2005).

GEORGI VENETI, Francisci, *De harmonia mundi totius cantica tria*, Venezia, Bernardini de Vitalibus, 1525 (éd. critique par Saverio Campanini, Milano, Bompiani, 2010).

GUILLIAUD, Maximilian, *Rudiments de musique practique...*, Paris, Nicolas du Chemin, 1554.

HUYGENS, Christiaan, *Œuvres complètes de Christiaan Huygens*, 23 vols., Societé hollandaise des sciences, La Haye, M. Nijoff, 1888-1950.

JAMBE DE FER, Philibert, *Epitome musical des tons*, Lyon, M. du Bois, 1556.

KIRCHER, Athanasius, *Musurgia universalis, sive ars magna consoni et dissoni...*, Roma, héritiers de Francisci Corbelleti, 1650.

LE CAMUS DE MÉZIÈRES, Nicolas, *Le génie de l'architecture ; ou, l'Analogie de cet art avec nos sensations*, Paris, B. Morin, 1780 (éd. mod. : *The Genius of Architecture ; or, The Analogy of That Art with Our Sensations*, éd. Robin Middleton, Chicago, University of Chicago Press, 1992 ; *Lo spirito dell'Architettura, o l'analogia di quest'arte con le nostre sensazioni*, éd. Vittorio Ugo, Milano, Il castoro, 2005).

LEGH, Peter, *The Music of the Eye ; or, Essays on the Vitruvian Analysis of Architecture...*, London, Walker – Carpenter & Son – Priestley & Weale, 1831.

MAIMONIDES, *De cultu divino, ex Mosis Majemonidæ... fecit Ludovicus de Compiègne de Veil*, Paris, G. Caillou, 1678.

MARTIN, Jean (éd.), *Discours du songe de Poliphile déduisant comme amour le combat à l'occasion de Polia*, Paris, Kerver, 1546 (éd. mod. : Gilles Polizzi, Paris, Imprimerie Nationale, 1994).

MASI, Girolamo, *Teoria e pratica di architettura civile...*, Roma, Antonio Fulgoni, 1788.

MICHAUD, Louis-Gabriel, *Biographie universelle ancienne et moderne*, 36 vols, Paris, Delagrave, 1870-1873.

MERCADIER DE BELESTA, Jean-Baptiste, *Nouveau système de musique théorique et pratique*, Paris, Valade, 1776.

[MOREAU] DE BIOUL, Jean-Michel-Raymond-Ghislain, *L'Architecture de Vitruve...*, Bruxelles, chez Adolphe Stapleaux, 1816.

ORSINI, Baldassarre, *Dizionario universale d'architettura e dizionario vitruviano accuratamente ordinati*, 2 vols, Perugia, Carlo Baduel, 1801.

ORSINI, Baldassarre, *Dell'architettura di M. Vitruvio Pollione libri diece restituiti nell'italiana lingua*, 2 vols, Perugia, Carlo Baduel, 1802, 2 vols.

OUVRARD, René [R. du Reneau], *Secret pour composer en musique…*, Paris, Jacques de Senlecque, veuve Gervais, Alliot et Antoine Clément, 1658, 1660[2].

OUVRARD, René, *Studiosis sanctarum scripturarum biblia sacra*, Paris, C. Savreux, 1668.

OUVRARD, René, *Motifs de réunion à l'Église catholique…*, Paris, C. Savreux, 1668.

OUVRARD, René, *L'art et la science des nombres…*, Paris, L. Roulland & C. Ballard, 1677, Paris, J. Jombert, 1700[2].

OUVRARD, René, *Défense de l'ancienne tradition des Églises de France…*, Paris, L. Roulland, 1678.

OUVRARD, René, *Architecture harmonique, ou application de la doctrine des proportions de la musique l'architecture*, Paris, R. J.-B. de la Caille, 1679.

OUVRARD, René, *Calendarium novum perpetuum et immutabile*, Paris, Catholicopoli, 1682.

OUVRARD, René, *Breviarium turonense renovatum et in melius restitutum*, Tours, J. & D. Flosceau – S. Gasse, 1685.

PERRAULT, Charles, *Parallèle des Anciens et des Modernes*, 4 vols, Paris, J.-B. Coignard, 1688-1697.

PERRAULT, Claude, *Les dix livres d'architecture de Vitruve. Corrigez et traduits nouvellement en François, avec des notes et des figures*, Paris, J.-B. Coignard, 1673 (reproduction anastatique par A. Picon, Paris, Bibliothèque de l'Image, 1995), 1684[2].

PERRAULT, Claude, *Abrégé des dix livres d'architecture de Vitruve*, Paris, J.-B. Coignard, 1674.

PERRAULT, Claude, *Ordonnance des cinq espèces des colonnes selon la méthode des Anciens*, Paris, J.-B. Coignard, 1683.

PRADO, Jerónimo de, VILLALPANDO, Juan Bautista, *In Ezechielem explanationes et apparatus urbi sac templi hierosolymitani…*, 3 vols, Roma, A. Zanetti, 1595-1604.

QUATREMÈRE DE QUINCY, Antoine Chrysostôme, *Encyclopédie méthodique. Architecture*, 3 vols, Paris, Panckoucke, 1788-1828.

RAMEAU, Jean-Philippe, *Traité de l'harmonie réduite à ses principes naturels*, Paris, J.-B.-C. Ballard, 1722.

ROUSSEAU, Jean-Jacques, *Dictionnaire de musique*, 2 vols, Paris, Chez la veuve Duchesne, 1768 (éd. facsimilé par Claude Dauphin, Paris, Actes Sud, 2007).

SAVOT, Louis, BLONDEL, François, *L'architecture françoise des bastimens particuliers composée par M. Louis Savot, avec des figures et des notes de M. Blondel*, Paris, F. Clousier & P. Aubouyn, 1673.

SAVOT, Louis, BLONDEL, François, *L'architecture françoise des bastimens particuliers composée par M. Louis Savot, Augmentée dans cette seconde edition de plusieurs figures et des notes de M. Blondel*, Paris, Vve Clousier, P. Aubouyn & P. Emery, 1685.

TESTELIN, Henri, *Sentimens de plus habiles peintres sur la pratique de la peinture et sculpture*, Paris, Vve Mabre-Cramoisy, 1696.

VICENTINO, Nicola, *L'antica musica ridotta alla moderna prattica, con la dichiaratione, et con gli esempi dei tre generi, con le loro spetie*, Roma, A. Barre, 1555.

VITTONE, Bernardo Antonio, *Istruzioni elementari per indirizzo de' giovani allo studio dell'architettura civile...*, Lugano, Agnelli, 1760 (éd. mod. par Edoardo Piccoli, Roma, Dedalo, 2008).

VITTONE, Bernardo Antonio, *Istruzioni diverse concernenti l'officio dell'architetto civile...*, Lugano, Agnelli, 1766.

ZARLINO, Gioseffo, *Le Istitutioni harmoniche*, Venezia, F. De Franceschi, 1558.

BIBLIOGRAPHIE MODERNE

ANTHONY, James, *La musique en France à l'époque baroque : de Beaujoyeulx à Rameau*, Paris, Flammarion, 2010 (éd. or. : *French Baroque Music : from Beaujoeulx to Rameau*, New York, Norton, 1973, 1985^{2}).

ARMOGATHE, Jean-Robert, FUMAROLI, Marc, LECOQ, Anne-Marie (éd.), *La Querelle des Anciens et des Modernes* XVIIe-XVIIIe *siècles*, Paris, Gallimard, 2001.

BARRIER, Janine, *Les architectes européens à Rome 1740-1765. La naissance du goûtà la grecque*, Paris, Monum, 2005.

BELARDI, Paolo, *Dell'architettura civile di Baldassarre Orsini*, Roma, Officina, 2008.

BISARO, Xavier, *Une nation de fidèles. L'Église et la liturgie parisienne au* XVIIIe *siècle*, Turnhout, Brepols, 2006.

BLUNT, Anthony, « The Hypnerotomachia Poliphili in the 17th Century France », *Journal of the Warburg Institute*, 1, n° 2, 1937, p. 117-137.

BLUNT, Anthony, *Philibert De L'Orme*, London, Zwemmer, 1958 (trad. : Paris, Julliard, 1963).

BONNIFFET, Pierre, *Structures sonores de l'humanisme en France : de Maurice Scève, « Delie, object de plus haulte vertu » (Lyon, 1544) à Claude Le Jeune, « Second livre des Meslanges » (Paris, 1612)*, Paris, Champion, 2005.

BORSI, Stefano, *Polifilo Architetto. Cultura architettonica e teoria artistica nell' « Hypnerotomachia Poliphili » di Francesco Colonna, 1499*, Roma, Officina, 1995.

BRAULT, Yoann, « La défense des proportions dans le "Cours d'Architecture" de François Blondel », D. Rabreau, D. Massounie (éd.), *Claude Nicolas Ledoux et le livre d'architecture en français – Étienne Louis Boullée l'utopie et la poésie de l'art*, Paris, Monum, 2006, p. 30-38.

BRENET, Michel [BOBILLIER, Marie], *Les Musiciens de la Sainte-Chapelle du Palais*, Paris, Picard, 1910 (reproduction anastatique : Genève, Minkoff, 1973).

BUCH, David J., « The Coordination of Texte, Illustration, and Music in a Seventeenth-Century Luth Manuscript : "La Rhétorique des Dieux" » *Imago Musicæ*, 6, 1989, p. 39-81.

CALVESI, Maurizio, *La "Pugna d'amore in sogno" di Francesco Colonna Romano*, Roma, Officina, 1996.

CAMPANINI, Saverio, « Francesco Zorzi : armonia del mondo e filosofia simbolica », *Il pensiero simbolico nella prima età moderna*, A. Angelini, P. Caye (éd.), Firenze, Olschki, 2007, p. 239-260.

CARPO, Mario, « Drawing with Numbers : Geometry and Numeracy in Early Modern Architectural Design », *Journal of the Society of Architectural Historians*, 62, n° 4, 2003, p. 448-469.

CAYE, Pierre, « "Eurythmie" et "temperantia". Du modèle musical au modèle architectural de la "Politeia" », F. Malhomme, A.-G. Wersinger (éd.), *Mousikê et arête. La musique et l'éthique de l'Antiquité à l'âge moderne*, Paris, Vrin, 2007, p. 167-174.

CAYE, Pierre, « L'édition du "De architectura" de Vitruve et la constitution du savoir architectural à la Renaissance », communication lue au Colloque Internationale *L'« Archivium » et le travail de la pensée. Humanisme philologique, humanisme philosophie*, Paris, 22-23 mai 2007.

CECCARELLI PELLEGRINO, Alba, « Sacre scritture, divine proporzioni e honnêteté nell' "Architecture" di Philibert De L'Orme », L. Secchi Carugi (éd.) *Il sacro nel Rinascimento*, Firenze, Franco Cesati, 2002, p. 187-207.

CETTO, Anne-Marie, *Der Proportionstraktat des Abbé de Saint-Hilarion und seine Bedeutung innerhalb der französichen Architectur des XVII. Jahrhunderts*, Ph. D., Universität zu Köln, 1924.

CHIEROTTI, Carlo Mario, « Comporre senza conoscere la musica : Athanasius Kircher e la "musurgia mirifica". Un singolare esempio di scienza musicale nell'età barocca », *Nuova Rivista Musicale Italiana*, 28, n° 3, 1994, p. 382-410.

COHEN, Albert, « "La Supposition" and the Changing Concept of Dissonance in Baroque Theory », *Journal of the American Musicological Society*, 25, n° 1, 1971, p. 63-84.

COHEN, Albert, « René Ouvrard (1624-1694) and the Beginnings of French Baroque Theory », *Report of the Eleventh IMS Congress – Copenaghen 1972*, Copenaghen, Wilhel Hansen, t. 1, 1974, p. 336-342.

COHEN, Albert, « The Ouvrard-Nicaise correspondence (1663-1693) », *Music & Letters*, 56, n° 3-4, 1975, p. 356-363.

COHEN, H. F., *Quantifyng Music. The Science of Music at the First Stage of the Scientific Revolution, 1580-1650*, Princeton, Princeton University Press, 1984.

CONSTANTINI, Michela, « La trasformazione storica dell'applicazione dei rapporti musicali all'architettura attraverso la lettura armonica della base attica », *Archivio Storico AMMA – Le culture della tecnica*, ns. 14, 2002, p. 75-102.

CHRISTENSEN, Thomas, *Rameau and Musical Thought in the Enlightenment*, Cambridge, Cambridge University Press, 1993.

DECIO, Gioseffi, « Palladio oggi : dal Wittkower al postmoderno », *Annali di architettura*, 1, 1989, p. 105-121.

DUCHEZ, Marie-Élisabeth, « La représentation spatio-verticale du caractère grave-aigu et l'élaboration de la notion de hauteur de son dans la conscience musicale occidentale », *Acta Musicologica*, 51, n° 1, 1979, p. 54-73.

DURON, Jean, « Réperes Musicaux », *Bulletin de l'atelier d'études sur la musique française des XVIIe et XVIIIe siècles*, 5, 1994-1995, p. 10.

EMARD, Paul, FOURNIER, Suzanne, *La Sainte-Chapelle du Lutrin : pourquoi et comment Boileau a composé son poème*, Genève, Droz, 1963.

FEYNMAN, Richard Phillips, *Vous y comprenez quelque chose, monsieur Feynman ?*, Paris, Odile Jacob, 1998 (éd. or. : *The Meaninf of It All : Thoughts of a Citizen-Scientist*, New York, Basic Books, 1998).

FICHET, Françoise, *La théorie architecturale à l'âge classique. Essai d'anthologie critique*, Bruxelles-Liège, Mardaga, 1979.

FONTAINE, Marie-Madeleine, « Serlio et l'entourage de Marguerite de Navarre », S. Deswarte-Rosa (éd.), *Sebastiano Serlio à Lyon. Architecture & Imprimerie*, Lyon, Mémoire active, 2004, t. 1, p. 98-118, 4 vols.

FOSCARI, Antonio, TAFURI, Manfredo, *L'armonia e i conflitti : la chiesa di San Francesco della Vigna nelle Venezia del 500*, Torino, Einaudi, 1983.

FRATELLI, Diego, « La musica nei trattati di Bernardo Antonio Vittone », G. Sitzia, P. Sitzia (éd.), *Vittone a Grignasco. L'Assunta una chiesa barocca tra Grignasco Roma e Torino*, Grignasco, Borgosesia, 2006, p. 125-132.

FROMMEL, Sabine, *Sebastiano Serlio architetto*, Milano, Electa, 1998 (trad. : Paris, Gallimard, 2002).

FUMAROLI, Marc, *L'âge de l'éloquence. Rhétorique et "res literaria" de la Renaissance au seuil de l'époque classique*, Genève, Droz, 1980.

FUMAROLI, Marc, « La République des Lettres (IV) : De Descartes à Fontenelle : la Querelle des Anciens et des Modernes », *Rhétorique et société en Europe (XVIe-XVIIe siècles)*, Annuaire du Collège de France, 1990-1991, Résumé des cours et travaux, Paris, 91e année, p. 505-535.

FUMAROLI, Marc, *L'École du silence. Le sentiment des images du XVIIe siècle*, Paris, Flammarion, 1994.

FURNO, Martine, « L'orthographie de la "porta triumphante" dans l'"Hypnerotomachia Poliphili" de Francesco Colonna : un manifeste d'architecture moderne ? », *Mélanges de l'École française de Rome. Italie et Méditerranée*, 106, n° 2, 1994, p. 473-516.

GALLO, Franco Alberto, « Historia Civilis e Cultural Heritage », *Il Saggiatore musicale*, 8, 2001, p. 15-20.

GERBINO, Anthony, « The Library of François Blondel 1618-1686 », *Architectural History*, 45, 2002, p. 289-324.

GERBINO, Anthony, *François Blondel : Architecture, Érudition, and the Scientific Revolution*, London, Routledge, 2010.

GERBINO, Anthony, « Blondel, Colbert et l'origine de l'Académie Royale d'Architecture », J.-Ph. Garric, F. Lemerle, Y. Pauwels (éd.), *Architecture et théorie. L'héritage de la Renaissance*, mis en ligne le 21 novembre 2011 (http://inha.revues.org/3321).

GERMANN, Georg, « Les dictionnaires de Félibien et Baldinucci », *Revue d'esthétique*, 31-32, 1997, p. 253-258.

GERMANN, Georg, *Aux origines du patrimoine bâti. Essais et conférences sur l'histoire de l'architecture*, Paris, Infolio, 2009.

GERMER, Stefan, *Kunst-Macht-Diskurs. Die intellektuelle Karriere des André Félibien*, München, Wilhelm Fink Verlag, 1997.

GERMER, Stefan, « Les lecteurs implicites d'André Félibien, ou pour qui écrit-on la théorie de l'art », *Revue d'esthétique*, 31-32, 1997, p. 259-267.

GIANI, Maurizio, « "Scala musica". Vicende di una metafora », F. Nicolodi, P. Trovato (éd.), *Le parole della musica. III. Studi di lessicologia musicale*, Firenze, Olschki, 2000, p. 31-48.

GILLOT, Hubert, *La Querelle des Anciens et des Modernes en France, de la "Défense et illustration de la langue français" aux "Parallèles des Anciens et des Modernes"*, Paris, Champion, 1914.

GOULD, Cecil, *Bernini in France. An Episode in Seventeenth-Century History*, Princeton, Princeton University Press, 1982.

GOZZA, Paolo (éd.), *La musica nella rivoluzione scientifica del Seicento*, Bologna, Il Mulino, 1989.

GOZZA, Paolo (éd.), *Number to Sound. The Musical Way to the Scientific Revolution*, Dordrecht, Kluwer Academic Publishers, 2000.

GOZZA, Paolo, SERRAVEZZA, Antonio, *Estetica "e" musica. L'origine di un incontro*, Bologna, CLUEB, 2004.

GUIDERDONI-BRUSLÉ, Agnès, « Rébus des pierres et calligrammes dans "Le Songe de Poliphile" (1546) : les architectures parlantes de la langue parfaite », *Interfaces*, 24, 2004, p. 59-83.

GUIHEUX, Alain, ROUILLARD, Dominique, « Échanges entre les mots et l'architecture dans la seconde moitié du XVIIe siècle à travers les traités de l'art de parler », *Les Cahiers de la Recherche architecturale*, 18, 1985, p. 18-48.

GUILLO, Laurent, « Les éditions musicales imprimées par Jacques I de Sanlecque, Jacques II de Sanlecque et Marie Manchon, veuve Sanlecque (Paris, c. 1633-1661) », Ch. Ballman, V. Dufour (éd.), *« La la la… Maistre Henri ». Mélanges de musicologie offerts à Herni Vanhulst*, Turnhout, Brepols, 2009, p. 257-295.

HISCOCK, Nigel, *The Wise master builder : platonic geometry in plans of medieval abbeys and cathedrals*, Aldershot, Ashgate, 2000.

HEITZ, Carol, « Mathématiques et Architecture. Proportions, dimensions systématiques et symboliques dans l'architecture religieuse du Haut Moyen Âge », *Musica e Arti figurative nei secoli X-XII*, Todi, CSSM, 1973, p. 167-193.

HERRMANN, Wolfgang, « Antoine Desgodets and the Académie Royale d'Architecture », *The Art Bulletin*, 40, 1958, p. 157-164.

HERRMANN, Wolfgang, « Unknow designs for the "Temple of Jerusalem" by Claude Perrault », D. Fraser, H. Hibbard, M. J. Lewine (éd.), *Essays in the History of Architecture presented to Rudolf Wittkower*, London, Phaidon, 1967, p. 143-158.

HERRMANN, Wolfgang, *The theory of Claude Perrault*, London, Zwemmer, 1973 (trad. : *La théorie de Claude Perrault*, Bruxelles-Liège, Mardaga, 1980).

HERSEY, George, *Architecture and Geometry in the Age of Baroque*, Chicago-London, The University fo Chicago Press, 2000.

KOYRÉ, Alexandre, *From the Closed World to the Infinite Universe*, Baltimore, The John Hopkins University Press, 1957 (trad. : *Du monde clos à l'univers infini*, Paris, Gallimard, 1973)

LAVIN, Sylvia, *Quatrème de Quincy and the Invention of a Modern Language of Architecture*, Cambridge (Mass.), The MIT Press, 1992.

LEFAIVRE, Liane, *Leon Battista Alberti's Hypnerotomachia Poliphili. Re-Cognizing the Architectural Body in the Early Italian Renaissance*, Cambridge (Mass.), MIT, 1997.

LEMERLE, Frédérique, « Fréart de Chambray : les enjeux du "Parallèle" », *XVIIe siècle*, 196, 1997, p. 419-453.

LEMERLE, Frédérique, « Une querelle des Anciens et des Modernes en architecture : Fréart de Chambray », *Travaux de Littérature*, 12, 1999, p. 37-47.

LEMERLE, Frédérique, « L'accademia di architettura e il trattato di Palladio (1673-1674) », *Annali di architettura*, 12, 2000, p. 117-122.

LEMERLE, Frédérique, « Claude Perrault théoricien : l'"Ordonnance des Cinq Espèces de Colonnes" (1683) », D. Rabreau, D. Massounie (éd.), *Claude Nicolas Ledoux et le livre d'architecture en français – Étienne Louis Boullée l'utopie et la poésie de l'art*, Paris, Monum, 2006, p. 18-29.

LEMERLE, Frédérique, « D'un "Parallèle" à l'autre. L'architecture antique : une affaire d'État », *Revue de l'Art*, 170, 2010-4, p. 31-39.

LEMERLE, Frédérique, « Vitruve, Vignole, Palladio et les autres : traductions, abrégés et augmentations au XVIIe siècle », *Architecture et théorie. L'héritage de la Renaissance*, J.-Ph. Garric, F. Lemerle, Y. Pauwels (éd.), mis en ligne le 21 novembre 2011, http://inha.revues.org/3328.

LEMERLE, Frédérique, « Ordres et proportions dans la tradition vitruvienne (XVe-XVIIe siècles) », S. Rommevaux, P. Vendrix, V. Zara (éd.), *Proportions. Science–Musique–Peinture & Architecture*, Turnhout, Brepols, 2011, p. 409-423.

LEMONNIER, Henry, *Procès-Verbaux de l'Académie Royale d'Architecture 1671-1793*, Paris, Jean Schemit, 1911-1929, 10 vols.

MAILLARD, Jean-François, « Aspects musicaux du "De harmonia mundi" de Georges de Venise », *Revue de Musicologie*, 8, 1972, p. 162-175.

MARTIN, Marie-Pauline, « L'analogie des proportions architecturales et musicales : évolution d'une stratégie », D. Rabreau, D. Massounie (éd.), *Claude Nicolas Ledoux et le livre d'architecture en français – Étienne Louis Boullée l'utopie et la poésie de l'art*, Paris, Monum, 2006, p. 40-47.

MÉROT, Alain (éd.), *Les Conférences de l'Académie royale de Peinture et de Sculpture au XVIIe siècle*, Paris, École nationale supérieure des Beaux-Arts, 1996.

MITROVIC, Branko, « A Palladian Palinode : Reassessing Wittkower's "Architectural Principles in the Age of Humanism" », *Architectura*, 31, n° 2, 2001, p. 113-131.

MONTAGU, Jennifer, « The Theory of the Musical Modes in the Académie Royale de Peinture et de Sculpture », *Journal of the Warburg and Courtauld Institutes*, 55, 1992, p. 233-248.

NAREDI-RAINER, Paul von, *Architektur und Harmonie. Zahl, Maß und Proportion in der abendländischen Baukunst*, Köln, DuMont Verlag, 1982.

NAREDI-RAINER, Paul von, « Musiktheorie und Architektur », Fr. Zaminer (éd.), *Geschichte der Musiktheorie. I. Ideen zu einer Geschichte der Musiktheorie*, Darmstadt, Wissenschaftliche Buchgesellschaft, 1985, p. 149-174.

OECHSLIN, Werner, « Contributo alla conoscenza di Antonio Deriset architetto e teorico dell'architettura », *Quaderni dell'Istituto di Storia dell'Architettura*, 15, n° 91-96, 1969, p. 47-66.

OECHSLIN, Werner, « Il soggiorno romano di Bernardo Antonio Vittone », V. Viale (éd.), *Bernardo Vittone e la disputa fra classicismo e barocco nel settecento*, Torino, Accademia delle Scienze, 1972, t. 2, p. 393-441.

OECHSLIN, Werner, *Bildungsgut und Antikenrezeption im fruhen Settecento in Rom : Studien zum Romischen Aufenthalt Bernardo Antonio Vittones*, Zürich, Atlantis, 1972.

ONIANS, John, *Bearers of Meaning. The Classical Orders in Antiquity, The Middle Ages, and the Renaissance*, Princeton, Princeton University Press, 1998.

PANGRAZI, Tiziana, *La "Musurgia universalis" di Athanasius Kircher. Contenuti, fonti, terminologia*, Firenze, Olschki, 2009.

PAUWELS, Yves, « "Harmonia est discordia concors" : le modèle musical dans l'architecture des temps modernes », Ch. Charraud (éd.), *L'Harmonie*, Orléans, Meaux, 2000, p. 313-325.

PAUWELS, Yves, *L'architecture au temps de la Pléiade*, Paris, Monfort, 2002.

PAYNE, Alina A., « Rudolf Wittkower and Architectural Principles in the Age of Modernism », *Journal of the Society of Architectural Historians*, 53, n° 3, 1994, p. 322-342.

PELLETIER, Louise, *Architecture in Words. Theatre, language and the sensuous space of architecture*, New York, Routledge, 2006.

PÉREZ-GÓMEZ, Alberto, *L'architecture et la crise de la science moderne*, Liège, Mardaga, 1995 (éd. or. : *La génesis y superación del funcionalismo en arquitectura*, Ciudad del México, Limusa, 1980).

PÉREZ-GÓMEZ, Alberto, « Jaun Bautista Villalpando's Divine Model in Architectural Theory », *Chora*, 3, 1999, p. 125-156.

PÉROUSE DE MONTCLOS, Jean-Marie, « Le sixième ordre d'architecture, ou la pratique des ordres suivant les nations », *Journal of the Society of Architectural Historians*, 36, n° 4, 1977, p. 223-240.

PÉROUSE DE MONTCLOS, Jean-Marie, *Histoire de l'architecture française. De la Renaissance à la révolution*, Paris, Mengès, 1989.

PÉROUSE DE MONTCLOS, Jean-Marie, *Philibert de l'Orme. Architecte du Roi (1514-1570)*, Paris, Picard, 2001.

PÉROUSE DE MONTCLOS, Jean-Marie, *L'architecture à la française. Du milieu du* XV*e siècle à la fin du* XVIII*e siècle*, Paris, Picard, 2002.

PETZET, Michael, « Das Triumphbogenmonument für Ludwig XIV. auf des place du Trône », *Zeitschrift für Kunstgeschichte*, 45, n° 2, 1982, p. 145-194.

PETZET, Michael, *Claude Perrault und die Architektur des Sonnenkönigs. Der Louvre König Ludwigs XIV. und das Werk Claude Perraults*, München-Berlin, Deutscher Kunstverlag, 2000.

PICON, Antoine, *Claude Perrault ou la curiosité d'un classique*, Paris, Picard, 1989.

PICON, Antoine, *Charles Perrault. Mémoires de ma vie*, Paris, Macula, 1993.

RABREAU, Daniel, MASSOUNIE, Dominique (éd.), *Claude Nicolas Ledoux et le livre d'architecture en français – Étienne Louis Boullée l'utopie et la poésie de l'art*, Paris, Monum, 2006.

RAMÍREZ, Juan Antonio (éd.), *Dios, Arquitecto. J. B. Villalpando y el Templo de Salomón*, Madrid, Siruela, 1991.

RANUM, Patricia M., « Étienne Loulié (1654-1702). Musicien de Mademoiselle de Guise, Pédagogue et Théoricien », *Recherches sur la Musique française classique*, 25, 1987, p. 27-72.

RICO, Gilles, « La formation musicale du Quadrivium », J.-J. Nattiez (éd.), *Musiques. Une encyclopédie pour le* XXI*e siècle.* IV. *Histoire des musiques européennes*, Paris, Actes Sud-Cité de la Musique, 2006, p. 225-238.

ROSSI, Franco, « Tra musica e non-musica : le metafore nel lessico musicale italiano », *Musica e Storia*, 10, n° 1, 2002, p. 101-137.

SAMSA, Danilo, « L'Alberti di Wittkower », *Albertiana*, 6, 2003, p. 51-94.

SANCHEZ DE ENCISO, Sabina, « Música y arquitectura en el "De postrema Ezechielis prophetæ visione" de J. B. Villalpando », *Cuadernos de Música Iberoamericana*, 15, 2008, p. 7-40.

SANCHEZ DE ENCISO, Sabina, *La música en "De postrema Ezechielis prophetæ visione" de Juna Bautista Villalpando*, Ph. D., Universidad Complutense de Madrid, 2011, 2 vols.

SCALVINI, Maria Luisa, « La "querelle" sulle proporzioni architettoniche nella Francia del tardo Seicento : protagonisti e "comprimari" », V. Ugo (a cura), *Kritéria. Critica del discorso architettonico*, Milano, Guerini, 1994, p. 93-103.

SCALVINI, Maria Luisa, VILLARI, Sergio, *Claude Perrault. L'ordine dell'architettura*, Palermo, Æsthetica Preprint, 1991.

SCALVINI, Maria Luisa, VILLARI, Sergio, *Il manoscritto sulle proporzioni di François Bernin de Saint-Hilarion*, Palermo, Æsthetica Preprint, 1994.

SCHMIDT, Dorothea, *Untersuchungen zu den Architekturenphrasen in der Hypnerotomachia Poliphili. Die Beschreibung des Venus-Tempels*, Francfort-am-Main, Fischer, 1978.

SCHNEIDER, Marius, *Singende Steine : Rhythmus-Studien an drei katalanischen Kreuzgängen romanischen Stils*, Kassel-Bâle, Bärenreiter Verlag, 1955 (trad. : *Le chants des pierres. Étude sur le rythme et la signification des chapiteaux dans trois cloîtres catalans de style roman*, Milano, Arché, 1976).

SCHNEIDER, Herbert, *Die französische Kompositionslehre in der ersten Hälfte des 17. Jahrhunderts*, Tutzing, Schneider, 1972.

SERRAVEZZA, Antonio, « Musica, critica, estetica : uno sguardo d'insieme », *Musica/Realtà*, 63, n° 3, 2000, p. 125-142.

SIMSON, Otto von, *The Gothic Cathedral. Origins of Gothic Architecture and the Medieval Concept of Order*, New York, Pantheon Books, 1956.

SPITZER, Leo, *Classical and Christian Ideas of World Harmony. Prolegomena to an interprétation of word "Stimmung"*, Baltimore, J. Hopkins, 1963 (éd. or. : *Traditio*, 2, 1944, p. 409-464 ; 3, 1945, p. 307-364 ; trad. : *L'harmonie du monde. Histoire d'une idée*, Paris, Éditions de l'éclat, 2012).

STEWERING, Roswitha, « Architectural Representations in the "Hypnerotomachia Poliphili" (Aldus Manutius, 1499) », *Journal of the Society of Architectural Historians*, 59, n° 1, 2000, p. 6-25.

SZAMBIEN, Werner, *Symétrie Goût Caractère. Théorie et terminologie de l'architecture à l'âge classique 1550-1800*, Paris, Picard, 1986.

TAFURI, Manfredo, *Venezia e il Rinascimento. Religione, scienza, architettura*, Torino, Einaudi, 1985.

TAYLOR, René, « Claude Perrault : la fuerza de la tradición judaica », J. A. Ramírez (éd.), *Dios, Arquitecto. J. B. Villalpando y el Templo de Salomón*, Madrid, Siruela, 1991, p. 115-119.

TENENTI, Alberto, « Claude Perrault et la pensée scientifique française dans la seconde moitié du XVIIe siècle », *Hommage à Lucien Febvre*, Paris, Colin, 1953, t. 2, p. 303-316.

TESTA, Fausto, « Il "Traité du Beau Essentiel" di C.-E. Briseux e il tema delle proporzioni armoniche nella teoria architettonica del secolo dei Lumi », *Oltrecorrente*, 7, n° 1, 2003, p. 143-154.

TESTA, Fausto, « "L'armonia delle parti nell'architettura è la principale cagione, da cui deriva la bellezza". La ricerca del "bello reale" e il problema delle proporzioni armoniche nel pensiero di Francesco Ottavio Magnocavalli », A. Perin, C. Spantigati (éd.), *Francesco Ottavio Magnocavalli (1707-1788). Architettura, letteratura e cultura europea nell'opera di un casalese*, sl., sn., 2005, p. 365-382.

TRACHTENBERG, Marvin, « Architecture and Music Reunited : A New Reading of Dufay's "Nuper Rosarum Flores" and the Cathedral of Florence », *Renaissance Quarterly*, 54, n° 3, 2001, p. 741-775.

VALÉRY, Paul, *Eupalinos, ou l'Architecte*, *Œuvre II*, Paris, Gallimard, Bibliothèque de la Pléiade, 1960 (1re édition : Paris, Gallimard, 1921).

VASOLI, Cesare, « Il tema musicale e architettonico della "Harmonia Mundi" da Francesco Giorgio veneto all'Accademia degli Uranici e a Gioseffo Zarlino », *Musica e Storia*, 6, n° 1, 1998, p. 193-210.

VEYNE, Paul, *Comment on écrit l'histoire*, Paris, Seuil, 1971.

VENDRIX, Philippe, « René Ouvrard et l'évolution de l'art musical », *Revue belge de musicologie*, 42, 1988, p. 193-197.

VENDRIX, Philippe, « Proportions harmoniques et proportions architecturales dans la théorie française des XVIIe et XVIIIe siècle », *The International Review of the Aesthetics and Sociology of Music*, 20, n° 1, 1989, p. 3-10.

VENDRIX, Philippe, « L'augustinisme musical en France au XVIIe siècle », *Revue de Musicologie*, 78, n° 2, 1992, p. 237-255.

VENDRIX, Philippe, « Jubal réhabilité ? Le Grand Siècle et la musique des Hébreux », M. Couvreur (éd.), *Athalie. Racine et la tragédie biblique*, Bruxelles, Le Cri, 1992, p. 91-105.

VENDRIX, Philippe, *Aux origines d'une discipline historique. La musique et son histoire en France aux XVIIe et XVIIIe siècles*, Genève, Bibliothèque de la Faculté de Philosophie et Lettres de l'Université de Liège, 1993.

VENDRIX, Philippe, « Musique, théorie et philosophie : le nouvel élan de Rameau », J. Duron (éd.), *Regards sur la musique au temps de Louis XIV*, Liège, Mardaga, 2007, p. 61-82.

VERGO, Peter, *That Divine Order : Music and the Visual Arts from Antiquity to Eighteenth Century*, London, Phaidon, 2005.

VILLARI, Sergio, « La traduzione di Vitruvio del marchese Berardo Galiani », *Vitruvio nella cultura architettonica antica, médiévale e moderna*, G. Ciotta (éd.), 2 vols, Genova, de Ferrari, 2003, t. 2, p. 696-705.

WALDEN, Daniel K. S., « "Frozen Music" : Music and Architecture in Vitruvius' "De Architectura" », *Greek and Roman Musical Studies*, 2, 2014, p. 124-145.

WARREN, Charles W., « Brunelleschi's Dome and Dufay's Motet », *The Musical Quarterly*, 59, n° 1, 1973, p. 92-105.

WEINBERGER, Manuel, « Les traités d'ordres nationaux à la seconde moitié du XVIIIe siècle, 1752-1813 », D. Rabreau, D. Massounie (éd.), *Claude Nicolas Ledoux et le livre d'architecture en français – Étienne Louis Boullée l'utopie et la poésie de l'art*, Paris, Monum, 2006, p. 48-58.

WILDESTEIN, Georges, « Note sur un projet d'ordre français », *Gazette des Beaux-Arts*, 63, 1964, p. 257-260.

WITTKOWER, Rudolf, *Les principes de l'architecture à la Renaissance*, Paris, Éditions de la Passion, 1996 (éd. or. : *Architectural Principles in the Age of Humanism*, London, Warburg Institute, 1949, 1962[2]).

WRIGHT, Craig, « Dufay's "Nuper rosarum flores", King Solomon's Temple, and the Veneration of the Virgin », *Journal of the American Musicological Society*, 47, n° 3, 1994, p. 395-441.

XENAKIS, Iannis, « Genèse de l'architecture du pavillon : le pavillon Philips à l'Exposition universelle de Bruxelle 1958 », *Revue Technique Philips*, 20, n° 1, 1958, p. 10-20.

XENAKIS, Iannis, *Musique. Architecture*, Tournai, Casterman, 1971.

ZANONCELLI, Luisa, « Reciproche influenze dell'idea di "divina" proporzione », Cl. Gallico (éd.), *Leon Battista Alberti. Architettura e cultura*, Firenze, Olschki, 1999, p. 199-212.

ZARA, Vasco, « L'intelletto armonico. Il linguaggio simbolico e musicale nell'architettura di Castel del Monte », *Musica e Storia*, 8, n° 1, 2000, p. 15-52.

ZARA, Vasco, « Musica e Architettura tra Medio Evo e Età moderna. Storia critica di un'idea », *Acta Musicologica*, 77, n° 1, 2005, p. 1-26.

ZARA, Vasco, « Antichi e Moderni tra Musica e Architettura. All'origine della "Querelle des Anciens et des Modernes" », *Intersezioni*, 26, n° 2, 2006, p. 191-210.

ZARA, Vasco, « Da Palladio a Wittkower. Questioni di metodo, di indagine e di disciplina Nello studio dei rapporti tra musica e architettura », N. Guidobaldi (éd.), *Prospettive di iconografia musicale*, Milano, Mimesis, 2007, p. 153-190.

ZARA, Vasco, « Modes musicaux et ordres d'architecture : migration d'un modèle sémantique dans l'œuvre de Nicolas Poussin », *Musique – Images – Instruments. Revue française d'organologie et d'iconographie musicale*, 10, 2008, p. 62-79.

ZARA, Vasco, « Una storia della musica all'ombra di Port-Royal : la "Musique Rétablie" di René Ouvrard », *Studi Musicali*, 37, n° 1, 2008, p. 59-100.

ZARA, Vasco, « Suono e carattere della base attica. Itinerari semantici d'una metafora musicale nel linguaggio architettonico francese del Settecento », *Musica e Storia*, 15, n° 2, 2007-2009, p. 443-474.

ZARA, Vasco, « "Componere ad quadratum". Metafore letterarie e processi compositivi nell'analogia musica-architettura », F. Pezzopane (éd.), *I Luoghi e la Musica*, Roma, ISMEZ, 2010, p. 101-116.

ZARA, Vasco, « Dall' "Hypnerotomachia Poliphili" al Tempio di Salomone : modelli architettonico-musicali nell' "Architecture Harmonique" di René Ouvrard, 1679 », S. Frommel, Fl. Bardati (éd.), *La réception de modèles « cinquecenteschi » dans l'art français du XVIIe siècle*, Genève, Droz, 2010, p. 131-156.

ZARA, Vasco, « From Quantitative to Qualitative Architecture in the Sixteenth and Seventeenth Centuries : A New Musical Perspective », *Nexus Network Journal*, 13, n° 2, 2011, p. 411-430.

ZARA, Vasco, « Architecture et musique : "ordo, pondo et mensura" », V. Minazzi (éd.), *La musique au Moyen-Âge*, Paris, CNRS Éditions, 2011, p. 132-135.

ZARA, Vasco, « Métaphores littéraires et stratégies de composition : un autre regard sur les rapport entre musique et architecture au Moyen Âge », *Recercare*, 25, n. 1-2, 2013, p. 5-38.

ZARA, Vasco, « Les oreilles de De l'Orme », F. Lemerle, Y. Pauwels (éd.), *Philibert De l'Orme. Un architecte dans l'histoire*, Turnhout, Brepols, 2015, p. 181-190.

ZARA, Vasco, « "Udire secondo le Idee". Daniele Barbaro e la musica degli affetti », F. Lemerle, V. Zara, P. Caye, L. Moretti (éd.), *Daniele Barbaro 1514-1570. Vénitien, patricien, humaniste*, Turnhout, Brepols, 2017, p. 341-372.

ZARA, Vasco, « Du faux-bourdon aux "*tabulæ compositoriæ*" : René Ouvrard et le secret pour composer en musique », M.-A. Colin (éd.), *French Renaissance Music and Beyond: Studies in Memory of Frank Dobbins*, Turnhout, Brepols, 2018, p. 689-713.

ZARUCCHI, Jeanne Morgan, « Perrault's memoirs and Bernini : a reconsideration », *Renaissance Studies*, 27, n° 3, 2013, p. 356-370.

INDEX NOMINORUM

TABLE DES MATIÈRES